文化导向型旧城再生的理论、模式与实践

郑憩◎著

中国建筑工业出版社

图书在版编目（CIP）数据

文化导向型旧城再生的理论、模式与实践 / 郑憩著. —北京：中国建筑工业出版社，2019.12
（社区规划理论与实践丛书）
ISBN 978-7-112-24417-1

Ⅰ.①文⋯ Ⅱ.①郑⋯ Ⅲ.①城市发展 – 研究 – 中国 Ⅳ.① F299.2

中国版本图书馆 CIP 数据核字（2019）第 245867 号

责任编辑：黄　翊
责任校对：李欣慰

文化导向型旧城再生的理论、模式与实践
郑　憩　著
*
中国建筑工业出版社出版、发行（北京海淀三里河路9号）
各地新华书店、建筑书店经销
北京雅盈中佳图文设计公司制版
北京建筑工业印刷厂印刷
*
开本：787×1092毫米　1/16　印张：13　字数：201千字
2019年11月第一版　2019年11月第一次印刷
定价：68.00元
ISBN 978-7-112-24417-1
　　　（34905）
版权所有　翻印必究
如有印装质量问题，可寄本社退换
（邮政编码100037）

前　言

中国特色社会主义进入了新时代，我国经济已由高速增长转向高质量发展的新阶段。随着内外部环境的深刻变化，我国城镇化也进入了由增量扩张转入存量提升的转型发展阶段，对衰退的城市空间进行再利用和复兴，将成为存量发展阶段的一个重要议题。

城市的发展是一个不断经历新陈代谢的过程。西方发达国家在第二次世界大战后，及我国在改革开放后快速城镇化进程中，都曾走过大规模推土机式的城市改造之路，但在"文脉断裂""二次破坏""国际化范式""千城一面"等批评和反思中，正在逐步经历从改造、更新到再生的治理方式转变。旧城再生弥补了以往改造、更新的不足，不仅追求物质和经济方面的效益，更是一个综合性极强的社会、经济、人文及物质环境的变迁及发展过程。在方式方法上，旧城再生以"再利用、再发展"为主；在实施机制上，旧城再生更加注重公众参与和多元合作伙伴关系，通过积极寻求现代生活方式与传统空间的共生，再现旧城的生机与活力。

近年来，随着文化的生产力转向，文化对增强城市竞争力的核心作用日益凸显。对于旧城来说，文化资源已不仅是文化"遗产"，更成为旧城再生的引擎和重要驱动力。为了重塑全球竞争背景下的城市地位，文化导向型的旧城再生已广泛应用于西方后工业城市的发展策略。

文化与旧城治理的结合是我国城市规划领域的热点问题。结合我国城市发展的需要，顺应国际旧城治理的发展趋势，本书从文化资源动态保护与合理利用的角度，研究恢复旧城活力的文化途径，探索建立一套兼顾城市发展、文化传承、文化生产力的旧城再生的方法体系。

全书一共分为九章。第一章主要阐述了文化导向型旧城再生的内涵，包括缘起、概念界定等，论述其与旧城改造、旧城更新的联系与区别，以及旧城再生对存量发展的意义和作用；第二章分析了文化对于当代城市的核心作用，指出在全球文化、经济、城市三者交互作用的新动态下，文化策略已经成为全球城市广泛采纳的核心战略，也是旧城再生的核心引擎；第三章回顾了中外城市更新与再生的理论与特点，对中外旧城更新的动因、历程及发展趋势进行了总结，对相关思潮和理论进行了梳理；第四章深入研究了文化导向型旧城再生的主要模式，从系统分析影响因素入手，根据区位、目标、实施机制等主导因素概括总结出三种不同的模式及其适用条件；第五章对三种模式相对应的国内外案例进行了分析，对中外实践情况差异的深层次原因进行了比较，总结出文化导向型旧城再生可持续发展的关键要素；第六章主要研究文化导向型旧城再生的实施机制与支撑体系，包括法律法规、资金、人才、政策、监管等，直接影响旧城再生实施的进度和效果；第七章采用城市规划的视角，构建了文化导向型旧城再生从策略选择、规划管治到实施的方法体系；第八章通过对北京市景东地区旧城再生的探索，结合实际案例探讨文化导向型旧城再生的可行路径；第九章是结论与结语。

笔者于2009年首次接触城市文化、旧城再生领域的相关规划和研究，坚持对该领域进行跟踪研究，承担了相关的研究课题，取得了一定的研究成果。这10年间，感谢导师北京大学吕斌教授对我的学术启蒙和持续指导，感谢国家发改委国际合作中心的领导对我工作的支持和帮助，也要感谢家人在背后的默默付出。现将期间的积累和感悟作一个梳理和总结，希望本书能为存量规划、城市更新与再生、城市文化软实力、文化资源创造性转化和创新性发展相关研究和实践提供参考借鉴。由于水平有限，难免有不当之处，敬请同行和广大读者批评指正。

目 录

前 言

第1章 绪论 …………………………………………………………… 001

1.1 研究背景 ………………………………………………………… 003
1.1.1 基于文化的全球城市竞争日趋激烈 …………………………… 003
1.1.2 文化发展受到前所未有的重视 ………………………………… 003
1.1.3 城市发展方式由增量扩张向存量提升转变 …………………… 004
1.1.4 城市更新面临强烈的转型诉求 ………………………………… 004

1.2 研究目的 ………………………………………………………… 006

1.3 研究意义 ………………………………………………………… 007
1.3.1 有利于推进城市高质量发展 …………………………………… 007
1.3.2 有利于带动旧城产业转型升级 ………………………………… 008
1.3.3 有利于提升文化软实力 ………………………………………… 008
1.3.4 有利于满足日益增长的精神文化需求 ………………………… 009

1.4 研究方法 ………………………………………………………… 009

1.5 创新之处 ………………………………………………………… 010

1.6 概念界定 ………………………………………………………… 010
1.6.1 旧城改造（Urban Reconstruction）…………………………… 010
1.6.2 旧城更新（Urban Renewal）…………………………………… 011
1.6.3 旧城再生（Urban Regeneration）……………………………… 012
1.6.4 旧城可持续再生（Sustainable Urban Regeneration）………… 013

1.6.5　文化导向型旧城再生（Culture-led Urban Regeneration）⋯⋯⋯⋯ 014

第2章　文化对当代城市发展的核心作用 ⋯⋯⋯⋯⋯⋯⋯⋯⋯⋯ 015
2.1　城市及其本质 ⋯⋯⋯⋯⋯⋯⋯⋯⋯⋯⋯⋯⋯⋯⋯⋯⋯⋯⋯⋯⋯ 017
2.2　城市文化的价值 ⋯⋯⋯⋯⋯⋯⋯⋯⋯⋯⋯⋯⋯⋯⋯⋯⋯⋯⋯⋯ 018
2.3　当代城市的文化战略 ⋯⋯⋯⋯⋯⋯⋯⋯⋯⋯⋯⋯⋯⋯⋯⋯⋯⋯ 018
　　2.3.1　全球化背景下文化、经济、城市三者交互的新动态 ⋯⋯⋯⋯⋯ 018
　　2.3.2　文化策略与旧城治理的结合 ⋯⋯⋯⋯⋯⋯⋯⋯⋯⋯⋯⋯⋯ 020
　　2.3.3　文化为城市发展提供新动力 ⋯⋯⋯⋯⋯⋯⋯⋯⋯⋯⋯⋯⋯ 021
2.4　旧城文化资源的构成与利用 ⋯⋯⋯⋯⋯⋯⋯⋯⋯⋯⋯⋯⋯⋯⋯ 026
　　2.4.1　城市文化资源的构成 ⋯⋯⋯⋯⋯⋯⋯⋯⋯⋯⋯⋯⋯⋯⋯⋯ 026
　　2.4.2　从文化遗产到文化生产 ⋯⋯⋯⋯⋯⋯⋯⋯⋯⋯⋯⋯⋯⋯⋯ 028

第3章　国内外旧城再生的相关研究及发展趋势 ⋯⋯⋯⋯⋯⋯⋯ 033
3.1　我国旧城更新的发展历程 ⋯⋯⋯⋯⋯⋯⋯⋯⋯⋯⋯⋯⋯⋯⋯⋯ 035
　　3.1.1　我国旧城更新的动因及历程 ⋯⋯⋯⋯⋯⋯⋯⋯⋯⋯⋯⋯⋯ 035
　　3.1.2　我国运用文化资源进行旧城更新的成效与问题 ⋯⋯⋯⋯⋯⋯ 038
　　3.1.3　我国旧城更新的趋势特征 ⋯⋯⋯⋯⋯⋯⋯⋯⋯⋯⋯⋯⋯⋯ 040
3.2　西方旧城更新与再生的发展历程 ⋯⋯⋯⋯⋯⋯⋯⋯⋯⋯⋯⋯⋯ 042
　　3.2.1　旧城更新运动的动因及历程 ⋯⋯⋯⋯⋯⋯⋯⋯⋯⋯⋯⋯⋯ 043
　　3.2.2　旧城更新向旧城再生方向发展 ⋯⋯⋯⋯⋯⋯⋯⋯⋯⋯⋯⋯ 045
3.3　西方文化导向型旧城再生的进展 ⋯⋯⋯⋯⋯⋯⋯⋯⋯⋯⋯⋯⋯ 047
　　3.3.1　文化导向型旧城再生的兴起 ⋯⋯⋯⋯⋯⋯⋯⋯⋯⋯⋯⋯⋯ 047
　　3.3.2　文化导向型旧城再生的现有研究 ⋯⋯⋯⋯⋯⋯⋯⋯⋯⋯⋯ 048
3.4　文化导向型旧城再生的思潮与理念 ⋯⋯⋯⋯⋯⋯⋯⋯⋯⋯⋯⋯ 049
　　3.4.1　真实性理念 ⋯⋯⋯⋯⋯⋯⋯⋯⋯⋯⋯⋯⋯⋯⋯⋯⋯⋯⋯⋯ 049
　　3.4.2　完整性理念 ⋯⋯⋯⋯⋯⋯⋯⋯⋯⋯⋯⋯⋯⋯⋯⋯⋯⋯⋯⋯ 050
　　3.4.3　可持续发展理念 ⋯⋯⋯⋯⋯⋯⋯⋯⋯⋯⋯⋯⋯⋯⋯⋯⋯⋯ 051

3.4.4　最小干预与可识别的理念 ·· 052
　　3.4.5　文化多样性的理念 ·· 053
　　3.4.6　文化资本理论 ··· 054
　　3.4.7　创意资本理论和创意地理理论 ·· 054
　　3.4.8　创意城市理论 ··· 055
　　3.4.9　经营城市理念 ··· 057
　　3.4.10　城市治理理论 ·· 058
　　3.4.11　社区营造理论 ·· 059

第4章　文化导向型旧城再生的主要模式 ·· 061
4.1　文化导向型旧城再生的影响因素 ·· 063
　　4.1.1　文化资源等级和开发潜力 ·· 063
　　4.1.2　区位 ··· 063
　　4.1.3　地租等要素价格 ·· 063
　　4.1.4　人才智力与创意研发资源 ·· 064
　　4.1.5　人口—劳动力资源 ·· 065
　　4.1.6　认知、理念与目标 ·· 065
　　4.1.7　政策及政府行为 ·· 065
　　4.1.8　资金 ··· 066
　　4.1.9　实施主体 ·· 067
4.2　文化导向型旧城再生的三种模式 ·· 067
　　4.2.1　旗舰型策略 ··· 068
　　4.2.2　创意型策略 ··· 069
　　4.2.3　社区型策略 ··· 069
4.3　三种模式的适用条件 ·· 070

第5章　国内外案例研究与经验借鉴 ··· 073
5.1　旗舰型策略典型案例 ·· 075

  5.1.1 西班牙毕尔巴鄂：旗舰项目与公私合作带来新生 ········· 075
  5.1.2 墨西哥瓜纳华托：从银矿产区到文化立城 ················· 077
  5.1.3 法国阿维尼翁：由戏剧节带来的复苏与发展 ············· 078
5.2 创意型策略典型案例 ··· 080
  5.2.1 日本横滨：从港口工业区到创意核心区 ··················· 080
  5.2.2 德国鲁尔：资源型城市成功转型的经典案例 ············· 082
  5.2.3 英国斯特拉特福德：将名人元素发展为文化产业链 ····· 085
  5.2.4 北京 798：从包豪斯风格工厂到 LOFT 文化新地标 ······ 087
  5.2.5 上海 M50 创意艺术园：适度管理引导文化业态高质量发展 ··· 089
  5.2.6 成都宽窄巷：艺术创意融入建筑设计与城市生活 ········ 093
5.3 社区型策略典型案例 ··· 095
  5.3.1 爱尔兰都柏林：古老与现代、艺术与生活和谐共存 ····· 095
  5.3.2 日本东京：传统社区的魅力再生实践 ····················· 098
  5.3.3 我国台湾士林福林：社区文化复兴的民众参与实验计划 ··· 100
  5.3.4 台北保安宫地区：文化遗产资源的活态式保护与再生 ··· 102
5.4 小结 ··· 105
  5.4.1 国内外比较与差异分析 ·· 105
  5.4.2 文化导向型旧城再生可持续发展的关键要素 ············ 109
  5.4.3 对我国城市更新与再生的启示 ······························ 111

第 6 章 实施机制与支撑体系 ·· 113

6.1 实施机制 ··· 115
  6.1.1 政府主导型 ·· 115
  6.1.2 政府主导下的开发商参与型 ·································· 115
  6.1.3 开发商主导型 ··· 116
  6.1.4 居民主导型 ·· 117
  6.1.5 政府、市场和居民多方主体合作型 ························ 117
6.2 法律法规 ··· 118

6.3 资金来源 ·· 122
6.4 人才培养 ·· 123
6.5 产业政策支持 ··· 126
6.6 管理监督 ·· 127
 6.6.1 政府的角色与职责 ··· 127
 6.6.2 社会力量的角色与职能 ··· 129
6.7 社团作用 ·· 131

第7章 文化导向型旧城再生的方法体系 ·· 133
7.1 策略选择 ·· 135
 7.1.1 各类功能区的再生要求 ··· 135
 7.1.2 再生的发展愿景 ··· 136
 7.1.3 再生策略的选择 ··· 137
7.2 规划管治 ·· 138
 7.2.1 文化资源的梳理研究 ·· 138
 7.2.2 发展目标的研判与制定 ··· 139
 7.2.3 文化产业链的构建 ·· 139
 7.2.4 文化载体的保护与提升 ··· 140
7.3 实施机制 ·· 141
 7.3.1 多元主体参与 ·· 141
 7.3.2 政策法律支持 ·· 143
 7.3.3 资金支持 ·· 144
 7.3.4 技术支持 ·· 145

第8章 北京景东地区文化导向型旧城再生的探索 ······························ 147
8.1 景东地区概况 ·· 149
 8.1.1 区位与研究范围 ··· 149
 8.1.2 景东地区的历史沿革 ··· 150

8.2 文化遗产资源梳理 ··· 151
8.2.1 物质文化遗产 ··· 152
8.2.2 非物质文化遗产 ··· 156

8.3 景东地区面临的主要问题 ··· 160
8.3.1 景东地区衰退的测度 ··· 160
8.3.2 景东地区主要问题归纳 ··· 162

8.4 景东地区文化导向型可持续再生的策略选择 ··· 164
8.4.1 景东地区文化导向型再生的优势 ··· 164
8.4.2 景东地区再生策略选择的影响因素 ··· 166
8.4.3 适宜景东地区的文化导向型可持续再生策略 ··· 173

8.5 景东地区文化产业的发展构想 ··· 174
8.5.1 景东地区文化产业发展策略 ··· 174
8.5.2 景东地区文化生产与文化消费的平衡 ··· 175

8.6 景东地区再生的实施机制建议 ··· 176
8.6.1 多元主体参与 ··· 176
8.6.2 政策、资金、技术支持 ··· 180

8.7 景东地区文化导向型可持续再生的实施效果展望 ··· 181
8.7.1 社会效益 ··· 181
8.7.2 经济效益 ··· 182
8.7.3 文化效益 ··· 182

第9章 结语 ··· 183
9.1 主要结论 ··· 185
9.2 局限与不足 ··· 186

参考文献 ··· 187
附　录 ··· 195

第 1 章　绪论

1.1 研究背景

1.1.1 基于文化的全球城市竞争日趋激烈

21世纪世界进入了全球化竞争的大时代，全球200多个国家和地区之间的接触与交流不仅量的激增更有质的飞跃；竞争内容已经由不同阵营、不同国度、不同民族之间的分割、斗争转变为大都市自身及城市群之间的竞争（刘彦平，2009），这无疑对全世界城市发展和城市规划工作者提出了新的挑战。随着经济活动的日益全球化与史无前例的信息化，城市间的竞争已不仅仅来源于邻近对手，而是突破原有区域扩展到了全球范围；新经济时代城市竞争力的关键资源已由工业经济时代的传统有形资源转变为信息、人才、技术、知识创新等"软实力"。因此城市竞争的一个重要方面是文化的竞争和文化生产力的竞争，21世纪成功的城市将是文化的城市（朱铁臻，2002）。全球范围内拥有崭新思维及独特文化的城市，因具有此种不易模仿的战略资源而占据竞争优势。城市文化与城市竞争力的共生共荣，表现出二者深刻的内在联系以及时代的发展趋势。

1.1.2 文化发展受到前所未有的重视

当前，文化领域正在发生广泛而深刻的变革，文化越来越彰显为经济社会发展的先导力量，文化已在我国长期规划中被作为一个重要部分单独部署。党的十九大报告指出："文化是一个国家、一个民族的灵魂。文化兴国运兴，文化强民族强。没有高度的文化自信，没有文化的繁荣兴盛，就没有中华民族的伟大复兴"，这体现了我国向文化强国进发的施政方略。显著提升我国国家文化软实力和国际竞争力已经成为时代赋予的重要目标；加强文化遗产保护传承与创造性转化、发展文化事业、构建现代文化产业体系、培育现代文化市场、建立覆盖全社会的公共文化服务体系，并且鼓励文化走出去，已经成为今后一段时期内文化发展的重要方针。文化创意产业作为下一轮中心城区发展的重要产业内容之一，合并旧城以更新再生为主线的建设，两者都是既获得了发展机遇，更面临着新的挑战。

1.1.3 城市发展方式由增量扩张向存量提升转变

新中国成立以来，我国城镇化经历了起步发展和快速发展两个历史阶段。特别是改革开放以来，伴随着工业化进程的加速，我国城镇化虽然起点低但发展迅速，创造了举世瞩目的成就，可以说是世界历史上规模最大、速度最快的城镇化进程。2018年末，我国常住人口城镇化率达到59.58%，已经超过世界平均水平。诺贝尔经济学奖得主斯蒂格利茨曾经预言"中国的城市化和以美国为首的新技术革命将成为影响人类21世纪的两件大事"似乎正在成为现实。但是，在既往的城镇化发展过程中，累积了低质量、过度扩张、大拆大建、公共资源不均、文脉断裂等多方面的问题，迫切需要寻求新的城镇化发展路径。

进入新的历史时期，随着内外部环境的深刻变化，原有城镇化运行机制难以支撑我国城市的长期可持续发展。以2013年中央城镇化工作会议为标志，我国城镇化将进入以提升质量为主的转型发展新阶段。新型城镇化要求以有限的空间资源和多元的资金来源，达到更高的城镇化质量。这就意味着未来的城市建设不能仅仅着眼于新增土地，而是必须重视存量资源的规划利用。在经历了以新城快速发展、城市规模化扩张为特点的城市化阶段之后，城市发展从增量扩张迈入存量提升新阶段，对衰退的城市空间进行再利用和复兴，将成为存量发展阶段的一个重要议题。城市更新与再生作为城市复兴的重要手段，对存量地块的调整与优化有着重要意义，已成为盘活资源、改善民生、保护生态文化等的重要路径，在优化产业结构，改善人居环境，推进土地、能源、资源的节约集约利用，促进经济和社会可持续发展等方面发挥着重要作用。

1.1.4 城市更新面临强烈的转型诉求

由于当前全球城市发展背景的多元化和区域间城市化进程的非均等性，旧城更新的动因机制、方法模式、结果效应等不断涌现出各种复杂的演化形式。从全球旧城更新的发展来看，提升城市竞争力也是当今旧城更新的基本目标之一

（王伟年，张平宇，2006）。

　　发达国家比中国更早跨越了工业化时期，因经济发展阶段的不同，其旧城治理也走在我国前列，已经经历了旧城改造、旧城更新，进入到了旧城再生阶段。西方国家一些著名的大城市，如巴黎、伦敦、慕尼黑、纽约等，在二战后都曾走过大规模整容式的城市改造之路，但在"摧毁特色文化""二次破坏"等批评和反思中，大规模改建式的城市更新已经销声匿迹。自1970年代以来，西方发达国家为了应对其城市功能由工业型到服务型的经济转型，积极运用文化活动、文化产业活化衰退的旧城区，已有40多年的历史，即文化导向型的旧城再生已经成为主要再生模式之一（杨继梅，2008）。如今，将"本地文化资源利用"作为驱动力的旧城再生已成为全球化经济背景下的一个普遍趋势。

　　1990年代以来，我国旧城改造的规模、速度空前。在我国快速城市化的进程之中，同时面临生产方式的全球化、全球文化同化以及过度追求经济利益等问题，导致不仅没有避免西方国家历史上曾经走过的弯路，反而以更加放大的形式重现，先后出现了"脱胎换骨"式的推倒重建、拆历史建筑而建假古董、保留外皮内部过度商业化开发等一些做法。在物质更新进程中，不少历史文化价值极高的老城区遭到破坏，导致城市文脉断裂；多了"千城一面"、各地风格雷同的新街区，一些"国际化范式"粗暴地取代了传统特色风貌，其结果为"南方北方一个样，大城小城一个样，城里城外一个样"，城市的个性和韵味极大丧失，地域特色文化也日渐衰微。同时，大规模改造伴生的旧区整体拆迁因资金补偿、违背原住民意愿等一系列问题引发层出不穷的居民对抗，严重违背和谐社会的目标，大规模拆迁改造的实施难度已经越来越大。

　　在城市发展由增量规划向存量规划过渡的时期，旧城更新面临着强烈的转型诉求。加之文化价值的日益提升和人们历史保护意识的逐渐提高，简单的"破旧立新"已经受到了广泛批判，旧城更新开始向城市机能整体提升的旧城再生转型，小规模、渐进式的妥善利用、尊重本地文化的理念以及对原住民利益的考量正逐步得到认可和提倡。总体来说，中国的旧城治理正处在从单纯的物质更新向深层次的文化营造过渡的阶段（徐琴，2009）。城市更新也不再单一地注重建筑及形象的改善，而是从形象、品质、产业、功能、服务等全方位进行提升（仲量联行，2019）。

1.2　研究目的

　　城市是一个不断经历新陈代谢过程的生命体，建设与更新一直是城市发展并行不悖的两大主题。旧城更新是城市持续发展中必须面对的问题，我国当前的旧城更新由于经历着内部经济结构急剧转型和外部经济全球化的冲击，更是走到了面临调整的十字路口。以往很多城市意识不到城市文脉的重要价值，用旧城改造的方式大规模重建，使得很大一批历史街区、特色建筑遭到破坏，社会结构被打乱。据文物界估计，中国近 30 年来对旧城的破坏，超过了以往 100 年。

　　经济全球化和市场经济向纵深推进，推动了全球城市经济新一轮的发展。随着产业的升级和资源重新配置，发达国家一些城市的中心区渐显衰败，其城市街区面临更新、再生的问题。旧城更新，不再是简单的推倒重建，而是对过去几个世纪中积累下来的、已接近寿命极限的城市遗产进行改造，使其能保留、激活、新生，一方面适应经济发展和民生的需要，另一方面也要顾及人们的文化感受，延续历史文脉，留存文化记忆，彰显城市文化特色。一些西方发达国家的城市，旧城更新转变为社会经济综合目标的旧城再生，注重文化在旧城再生中的作用是当代旧城治理的重要趋势；文化策略与旧城治理的结合催生出文化导向型旧城再生的热潮。在过去的 20 年中，北美和西欧的后工业城市顺应社会经济的文化力转向，已成功利用文化策略复兴经济转型过程中衰退的旧城区，将"本地文化资源利用"作为驱动力的旧城再生已成为全球化经济背景下的一个普遍趋势。文化引导的旧城再生不仅在北美、西欧和澳大利亚，而且在东亚和东南亚许多城市也得到了蓬勃发展。

　　面对全球化带来的更为激烈的城市竞争以及城市文化新的战略地位——作为一种核心竞争力资源，我国城市发展的机遇与挑战并存。一方面，我国是文明古国，不少旧城区具有丰厚的历史文化积淀，其文化魅力闻名于世，如果能够妥善利用，不仅能够使文脉得以延续，也对城市产业结构的升级有着巨大的促进作用；另一方面，在以往的旧城更新中，保护与发展的矛盾突出，文化的传承和发展均有诸多的不足和缺陷。中国有着数千年深厚的文化积淀和文化传统，有极为丰厚的文化资源。我们如何在城市化进程中发挥文化优势，参与国际间的竞争，同时改善人民生活水平，活跃精神文化生活，是一个值得探索的课题。

由此，有必要对已有的旧城更新再生的发展历程及趋势作一个梳理，尤其对文化导向型旧城再生进行研究：全球化城市竞争中，为什么关注文化？什么是当代城市文化，它有哪些新的特点？文化导向型的旧城再生是如何兴起并发展的？如何利用文化资源进行旧城的再生，其成功或失败的影响因素是什么？现有哪些策略、方法和经验？这些策略和经验中国的旧城再生如何借鉴？

基于以上背景及问题，笔者开始了对文化导向型旧城可持续再生的研究，以期找到其方法体系，提炼其有益之处，从而为与我国新一轮的经济社会相协调的城市治理方法提供参考，对城市借助文化资源更好地进行可持续发展提供借鉴，也为高质量、可持续的城市发展探索新路。

1.3　研究意义

1.3.1　有利于推进城市高质量发展

随着中国的经济发展已进入新常态，经济社会由高速增长阶段转向高质量发展阶段，未来提高城镇化质量将成为发展重点。城市发展将更注重完善城市功能、提高居民生活品质、保护生态环境和推动产业升级。城市高质量发展是多维度的，不仅包括城市产业的高质量发展，也包含城市对传统文化的传承。产业、环境和文化的精准融合发展是未来城市高质量发展的重要方向。

城市更新与再生是对城市中衰落的区域进行改造、投资和建设的活动对衰败的物质空间进行功能替换，通过积极寻求现代生活方式与传统居住空间的共生，激发城市运行活力，使之重新发展和繁荣。在当前国民经济产业结构调整、城市快速发展的过程中，城市更新与再生承担了推进城市产业转型升级、增强城市经济发展动力、延续地域历史文脉、提升城市发展质量等方面的重要作用。旧城再生不仅是城市局部地区物质、经济和社会形态的更新，更是关乎城市未来可持续发展和城市综合竞争力的重要手段和关键举措。对旧城再生有关方法、机制的研究有利于探索城镇化在新时期高质量发展新模式。

1.3.2　有利于带动旧城产业转型升级

目前，发达国家第三产业对 GDP 的贡献率高达 70% 以上，而我国只有 59.7%。在我国三大产业中，第二产业比重偏高，第三产业比重发展滞后，在第三产业内部，传统产业占了相当大的比重，文化产业的比重偏小。文化产业是智能化、知识化的产业，增长空间和增值潜力巨大。文化产业通过"增加相关产业的文化含量，发展产业链，提高相关产业的附加值"来促进区域产业结构优化。大力发展文化产业能迅速提高第三产业占 GDP 的比重，有利于实现产业结构的优化和升级。

在旧城再生中，对旧城特色文化进行挖掘和利用，将文化资源优势转化为产业发展优势，并实现文化产业链的延伸，有利于推动文化产业与旅游、信息、物流、建筑等产业融合发展，同时有利于文化产业同其他产业之间形成运作灵活的专业分工协作体系，实现文化要素、创意要素对经济发展的新型驱动，促进城市产业转型升级与结构优化。

1.3.3　有利于提升文化软实力

经济全球化一方面使各国经济依存度日益加深，另一方面也使文化竞争日益国际化，文化渗透是典型的没有硝烟的战争，文化作为软实力的重要性也日益凸现。党的十九大指出，实现文化强国其中一个重要的发展方向，就是要加快推动文化事业和文化产业发展，提高国家文化软实力。2013 年中央城镇化工作会议则发出号召:"让居民望得见山,看得见水,记得住乡愁。"

旧城往往是特色地域文化资源富集的地方,承载着城市发展的历史记忆和文化发展脉络。城市更新与再生是搭建历史与现代之间桥梁的过程,是平衡好经济与文化软实力综合发展的契机。文化导向型旧城更新既适应新时代对生活多样性的追求,也反映了对乡愁的留存与追寻。通过旧城再生,提升居民的社区文化自豪感,使得地域文化得以传承和发展,对提升国家文化软实力具有重要作用。

1.3.4 有利于满足日益增长的精神文化需求

党的十九大报告作出"中国特色社会主义进入了新时代"的重大判断,指出"社会主要矛盾已经转化为人民日益增长的美好生活需要和不平衡不充分的发展之间的矛盾"。发展文化产业是社会主义市场经济条件下满足人民多样化精神文化需求的重要途径。目前我国文化产品供应不足,需求侧总体缺口巨大,高质量的文化精品生产不够,存在结构性矛盾。增加文化产品供给,提高文化产品质量,是丰富人民群众的文化生活、促进和实现人的全面发展的必然要求。

充分挖掘旧城文化遗产资源潜在的社会和经济价值,用现代审美思维进行创造、创意和创新性转化,提升原创力、生产力和核心竞争力,生产出更多具有鲜明时代特征和民族特色的、为大众喜爱的产品,有利于促进文化领域供给侧结构性改革,满足人民群众日益增长的个性化精神文化需求,达到文化保护与经济发展互为促进的目的,实现社会、经济、文化效益双赢。

1.4 研究方法

本书采用的研究方法包括以下几种。

①文献研究。对国内外旧城改造、旧城更新、旧城再生尤其是国外文化导向型旧城再生的文献进行了梳理。文献主要包括中英文相关学术著作、期刊学术论文,以及互联网相关资料。同时对景东地区的历史文献、古籍、

古地图资料进行了查阅，以了解景东地区的历史文化资源。

②实证研究。对国际范围内旧城文化策略的类型及其相应案例进行了分析和比较，在比较中区分、总结不同策略的特点、做法、效果等，加深对不同类型文化策略的理解，以便因地制宜地选择不同类型的策略进行应用。

③总结归纳。了解国内外旧城再生的研究现状、策略方法、经验与不足，对本研究有启示的部分加以归纳，提炼出一套文化导向型旧城再生的方法体系。

④实地调研。根据需要，对项目实地调研取证，以获取真实、必要的信息。对应门牌号对景东地区建筑的现状功能、权属、风貌、质量进行了实地调查，将这些信息作数字化处理。

⑤问卷调查、访谈。对北京景东地区部分居民以问卷或访谈形式、对部分企事业单位以访谈形式进行调研。将收集到的数据进行定量分析，为研制景东地区的优劣势和发展策略提供依据。

1.5 创新之处

本研究的创新之处在于：

①新的视角：以文化生产力的视角看待旧城文化资源，以文化导向的视角开展旧城的活力再生。

②总结旧城区可持续再生的模式类型，并分析其影响因素和适用范围。

③分析了影响文化导向型旧城可持续再生的关键要素。

1.6 概念界定

1.6.1 旧城改造（Urban Reconstruction）

旧城改造是根据城市发展的需要，在城市老化地区实施的有计划的城市改造建设（项光勤，2005）。"旧城改造"一词起源于欧美国家二战后对毁坏城区的重建活动，主要针对城市中已经不适应现代生活的地区进行必要的拆除、改建和重建，致使老城区被大规模翻新和大规模拆除重建，经历了所谓的"推土机时代"（Age of the Bulldozer）（张松，2013）。改善市政基础设施和居住环境质量是旧城改造的中心内容，但事实上旧城物质环境的衰败只是多元化的城市问题的症状而非根源，单纯的环境建设的思维并不能解决多种因素引起的旧城问题（吕晓蓓，2011）。

我国传统上将"城市更新"称为"旧城改造"或"旧城改建"。对此，吴良镛先生提出："从 1950 年代以来，在我国规划界，流行一种术语，即'旧城改建'，严格说这是很不确切的，实际上被社会误解成要适应现代生活就要对旧城大拆大改，在效果上也是不好的。"

1.6.2 旧城更新（Urban Renewal）

旧城更新在中文中的广义理解，是指城市的新陈代谢的过程，城市的发展也必然伴随着持续不断的新老更替。

而狭义的理解，是在城市规划、地理学、社会学等专业领域内的解释，是对"urban renewal"一词的翻译。这是西方国家城市发展中的一个特定阶段或一种特定政策，旧城更新的主要目的是实现城市物质环境的再发展，主要应对的是城市经济发展和城市空间结构不适应的问题（佘高红，朱晨，2009）。

现代意义上大规模的城市更新（Urban Renewal）运动始于 1960~1970 年代的美国，当时的更新是针对高速城市化后由于种族、宗教、收入等差异而造成的居住分化与社会冲突问题，以清除贫民窟为目标。虽然城市更新综合了改善居住、整治环境、振兴经济等目标，较以往单纯以优化城市布局、改善基础设施为主的"旧城改造"涵盖了更多、更广的内容，但是其所引发的社会问题却相当多，特别是对于有色人种和贫穷社区的拆迁显然有失公平，因而受到社会严厉批评而不得不终止。1980 年代后，美国的大规模城市更新已经停止，总体上进入了谨慎的、渐进的、以社区邻里更新为主要形式的小规模再开发阶段（程大林，张京祥，2004）。

根据物质环境更替的程度，更新可以分为三种不同类型：①比较完整地剔除现有环境中的某些方面，代之以新的内容，也称为改造、改建或再开发（Redevelopment）；②对现有环境进行局部的调整或小的改动，也称为整治（Rehabilitation）；③尽可能保持现有格局和形式，只对一些零部件进行维护性的更替，也称为保护（Conservation）（吴良镛，1994）。

进入 21 世纪以来，旧城更新研究以旧城再生（Rban Regeneration）为主要研究方向，出现了向文化、可持续以及社会层面三个方面的倾斜。城市更新的任务更加突出也更倾向于使用城市再生（Urban Regenerate）这个字眼，其表征的意义已经不只是城市物质环境的改善，而有更广泛的社会与经济复兴意义（程大林，张京祥，2004）。

1.6.3 旧城再生（Urban Regeneration）

"Urban Regeneration"一词也是一个有关旧城治理发展阶段的概念，最早是指西方尤其是英国在经历全球产业链转移后针对旧工业城市衰败的一种城市复兴策略，以及其他改善内城及衰落地区城市环境，刺激经济增长，增强城市活力，提高城市竞争力的城市再开发活动（严若谷，周素红等，2011）。

旧城再生的概念是在总结旧城更新经验教训的基础上发展而成的。再生并没有替代，而是原有肌体的恢复和重新生长（佘高红，吕斌，2008）。旧城更新以"更替"为主，旧城再生以"再利用、再发展"为主。旧城更新的内容往往针对物质环境，而旧城再生还包括经济功能和社会机能的再生。

英国旧城再生协会（British Urban Regeneration Association）对旧城再生（Urban Regeneration）的定义是用以解决内城问题的一个综合、广泛、整体的视角与行动，寻求地区经济、社会、物质、环境的持久性的提升。

普华永道事务所（Price Water House Coopers）对旧城再生的理解是一个宽泛的概念，偏重于实施层面：旧城再生是在经济飞速变化的环境中寻求社区的可持续发展，需要有诚实可信、公开透明的合作伙伴关系。合伙人必须有共同的目标，对于机会、治理、可能的隐患有共同理解，并且需要足够的耐心。对于当地及市场需求要持有包容、负责的态度，采取弹性化的措施，预先进行很多艰辛的工作，尤其要使经济和财政能够得到长久发展。

英国著名住房建筑商 Redrow 公司对旧城再生的认识为：旧城再生是运

用创造性的方法来营造可持续的新社区。所有的利益主体作为一个整体，在整个策划过程及实施进展中密切合作，通过协商清楚了解每一步举措，使人们觉得自己是其中的一分子。

从这些概念的共同点中可以看出，旧城再生的目标是长远的，具有可持续性、综合性的特点，必须是社会、经济、物质协同发展，并且在实施中注重公众参与，必须有多元的合作伙伴关系。

1.6.4 旧城可持续再生（Sustainable Urban Regeneration）

1987 年，以布伦特兰为主席的世界环境与发展委员会（World Commission on Environment and Development，WCED）向联合国提交的题为《我们共同的未来》的报告中明确提出"可持续发展"的概念：既满足当代人的需求，又不损害后代人满足其需求的能力。这一发展理念提出之后，很快获得世界各国的积极响应。

可持续城市再生理论包含以下几方面的内涵：

（1）可持续再生的目标

可持续再生不是简单粗放地拆除，而是从根源上找到城市衰败的原因，旨在挖掘城市发展的潜能，提升社区居民的生活质量。街区活力的复兴是建立在社会经济职能改善和生活质量提高的基础之上的。

（2）可持续再生的时机

可持续再生的概念不是"死后再生"，而是在城市肌体尚未完全退化的情况下，提前采取行动，主动适应社会、经济转型的需要，提升城市功能。

（3）可持续再生的内容

可持续再生是在维持现有城市物质空间的基础上，实现城市功能的升级，它有别于传统的通过物质空间的拆除和重建来实现城市复兴的发展方式。

（4）可持续再生的途径

可持续再生强调社区的参与机会和稳定性，不是通过简单地置换本地社区代之以新的社会阶层，而是强调提高自身社区的能力，实现旧城职能的转换和持续发展。

1.6.5 文化导向型旧城再生（Culture-led Urban Regeneration）

严若谷、周素红等利用文献引文网络分析软件 CiteSpace 所绘制的科学知识图谱，分析城市再生知识域在 20 世纪末到 21 世纪前十年的演变特征及发展趋势得出，旧城再生逐渐出现文化、可持续、社会层面三个方面的倾斜，即旧城再生的发展具有明显的文化倾向，它伴随城市产业服务化和文化转向而衍生出城市高级新兴产业。文化主导、去工业化背景下的新经济和可持续发展三个主题仍将在今后一段时间作为城市再生研究的主要方向（严若谷，周素红，等，2011）。

本书认为，文化导向型旧城再生（Culture-led Urban Regeneration）是旧城再生的模式之一，是将文化作为旧城再生的引擎，将"文化资源利用"作为旧城再生的重要驱动力。政府将文化政策与旧城再生项目结合，作为解决社会问题和经济问题的战略性干预。文化导向型旧城再生已成为城市企业型治理的主流及关键举措。

第 2 章

文化对当代城市发展的核心作用

2.1 城市及其本质

城市是人类生产力发展到一定阶段的产物，具体说是人类社会大分工和商品经济发展到一定阶段的产物。马克思和恩格斯在《德意志意识形态》中指出："物质劳动与精神劳动的最大的一次分工，就是城市和乡村的分离。"生产力的发展带来了人口因市场、功能、地理等的需求而产生集聚，人口和经济活动的"聚集效应"使得城市得以产生。城市是人类以高密度的方式进行生产、生活的聚居点，是人类群居生活的高级形式。

城市是自然系统基础上建立起来的包含社会、经济、文化等复杂活动的综合体，是人与自然、科学技术与人类历史文化相结合的产物。古希腊哲人亚里士多德曾说道："人们来到城市是为了生活，人们居住在城市是为了生活得更好。"城市成为军事防御、统治管理、政治文化和商业经济等中心，成为人类社会高度集中的空间，也是人类物质文明和精神文明在一定时间和空间的聚集。

因此城市也是人类社会和历史所形成的一种最大限度的汇聚体，是文化的容器、文明的载体，不仅是物质的也是精神的家园。芒福德认为城市具有文化器官的教育作用：城市"不仅包括报纸、电视，更包括教堂、寺庙、宗祠、学堂、作坊、博物馆、论坛等一整套传习文化的设施和机构"，"从城市中走出的是大量面目一新的男男女女"。城市的根本功能在于文化积累、文化创新，在于留传文化、教育人民。

随着历史的演进，城市永远处于变化和更新发展的过程中，既有城市的建筑、街道和空间结构的变化，也有城市的产业、基础设施、交通方式和生活方式的变迁。然而，无论城市如何变化，城市的核心价值、城市发展所追求的进步目标应当是一以贯之的。城市与人之间的哲理揭示了城市的发展路径——走向美好生活。未来的城市发展理念应该是：一座充满生机与活力，人类文明高度发达，具有独特气质和人文魅力，使居民感到幸福的"人性化"城市。

2.2　城市文化的价值

　　文化富有顽强的生命力，又极具历史穿透力。文化是一个宽泛的概念，有许许多多的诠释，城市文化同样也是一个宽泛和复杂的概念。本研究并不期待将"文化""城市文化"等概念作出辨析和廓清，而是关注文化对城市发展的重要意义以及对城市文化策略的思考。联合国教科文组织2000年的《世界文化报告》总序中指出，我们的任务是要"使文化在21世纪中完成它最重要的功能：把和谐的方法带入我们的生活"。

　　城市文化是人类文化的一种特殊形态，是人类文化发展到一定阶段的产物。城市是文化的积淀、载体和舞台，文化是城市的灵魂，城市与文化之间是密不可分的、相互依存促进的关系。在人类社会长期的发展和演变过程中，城市通过各种有形和无形的方式积累、传承、保存、流传和创新文化，便形成了城市文化。

　　城市文化是城市发展的动力，城市的发展反过来又可以推动城市文化的发展和繁荣。城市文化和城市发展是辩证统一、相互促进的。伴随人类社会的发展和进步，文化对一座城市的发展显得越来越重要，城市越来越重视自己的文化。城市文化具有保存城市记忆、明确城市定位、决定城市品质、展示城市风貌、塑造城市精神、支撑城市发展六大功能。城市文化已成为现代城市重要的发展动力，是现代城市综合实力的体现和生产力发展的重要指标之一，现代城市的延续和发展愈发取决于城市文化的传承与创新。

　　正如联合国教科文组织1998年"文化政策促进发展"政府间会议所指出的：发展的最高目标是文化的繁荣。文化与城市发展之间的联系如此紧密，城市发展离不开文化，二者之间具有不可分割的联系。

2.3　当代城市的文化战略

2.3.1　全球化背景下文化、经济、城市三者交互的新动态

　　城市作为一个特定地域，是特定的人际关系的聚集地，由此生发出特

定的地域文化。城市与其文化息息相关、紧密融合。但是，近30年以来，全球化力量对人类社会的影响层面逐渐扩张，从政治经济继而渗透到文化领域，与城市地域性和文化多样性之间产生了越来越密切的联系。与特定地点相联系的文化同非地点性的全球化之间产生了日益严重的紧张关系。随着西方文化的入侵，文化同化现象在全球传播蔓延，对各国地方文化造成了巨大冲击。为了自身的生存，地方文化与全球文化同化展开了激烈的斗争。

与此同时，经济领域与文化领域之间出现了一种强有力的融合，这也成为整个城市化进程的显著特征之一。经济与文化互相渗透，在本土和全球层面展现出生动的历史与地理外貌。从1970年代开始，全球化进程使西方发达国家的制造业在全球范围内转移，这一时期随着人们休闲时间的增加，文化消费持续增长，发达国家进入到由"情感、体验及美学来驱动消费"的后工业时代（Nivin，2009），文化领域开始显现出巨大的经济潜力。"经济根植于文化之中"的概念已日益普及，与之形成互补的另一种观点是，文化也根植于经济之中。文化已日益服从于商品化，各种文化产品构成了现代资本主义产品中持续增长的一部分，大量的文化正逐渐被资本主义的供求关系所控制。文化生产往往越来越多地集中到一些有特权的企业或集群，而最终产品则通过全球化被运输到更为广阔的消费网络之中，对其他地方的文化产生了极具侵蚀性的影响（艾伦·斯科特，2010）。

在经济全球化的背景下，城市间对资金、人才和其他资源的竞争日益激烈，城市管理主义的治理模式已逐渐被城市企业主义取代。城市政府从过去提供交通和住宅转向积极地推行有风险的战略，城市可以使用任何机会推销自己，形成创业环境，以便在日益加剧的世界竞争中促进经济增长（沈建法，2001）。各地域形成的这种新型的竞争体制，要求各城市必须以独特的"地方特质"吸引全球有限的流动资金。而文化往往是地方特质的重要组成，是一个城市区别于其他城市的鲜明的个性特征。一个城市特有的文化属性和经济秩序越浓缩于地理环境之中，就越享有地点垄断力量。这种垄断力量提升了城市的竞争优势，并使其文化产业能够挤入更广阔的国内和国际市场。

由此日益激烈的城市竞争的主体已由物质空间转为城市文化与地域特色。文化与城市、经济三者之间的关系被重新定位：并非城市塑造文化，而是文化使城市运转。文化的投入可以转化为经济及社会的产出（Miles and Paddinson，2005）。

联合国人居中心（United Nations Centre For Human Settlements，UNCHS）2004年报告的关注重点就在于全球化的文化影响——将文化作为城市经济增长的驱动力，即文化驱动战略（Culture-driven Strategies）。这一战略已经迅速在全球范围传播，成为支撑城市经济的手段和加强城市全球竞争力的新信仰。

2.3.2 文化策略与旧城治理的结合

从文化首次进入城市规划范畴，到文化策略成为旧城治理的核心战略，文化导向型旧城再生的兴起经历了渐进发展的历程（图2-1）。

1961年，雅各布斯首次把文化与创意引入城市规划的范畴，认为创造力和多样性是城市增长的重要引擎。文化政策（Culture Policy）出现于1970年代，此时西方国家进入工业化的尾声，其城市由生产转向消费，地方发展的潜力也转向于文化和艺术，即通过文化来带动创意产业、休闲旅游等第三产业部门，来创建后工业时代的城市新景观、提高城市的认知度、吸引外来投资、解决公共财政的短缺、提高市民收入，从而使城市在全球竞争中保持优势。由此文化开始逐渐在城市政策中扮演重要角色。

文化规划（Culture Planning）的书面使用最早出现于1971年，被规划师

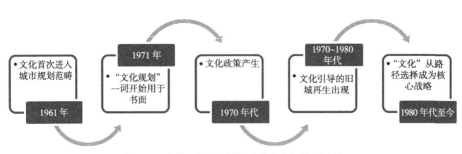

图2-1 文化导向型旧城再生的产生与发展过程

Harvey Perloff 描述为"社区了解并运用其文化资源进行发展的途径"（Besner，2010）。至 1970 年代末 1980 年代初，在北美和西欧的一些城市，文化元素被认为是旧城再生的驱动力之一，由此掀起了用文化来带动旧城再生的热潮。文化资本帮助西方发达国家的一些衰败地区在后工业化新经济环境中进行定位调整并逐步复兴（Miles，2005）。文化策略发展至今，已经从一种城市发展的策略选择成为一个被全球城市广泛采纳的核心战略（Garcia，2005），"文化消费"已成为城市发展的重要环节（Gibson and Stevenson，2004）。

文化策略同时存在两个方面的目标，即"把全球带入当地"和"使地方融入全球"。文化产品代表显著的地方形象，将文化名城之印象传送到全球市场（Scott，1997）。城市文化策略通过激烈的全球与本地之间的交互（Interaction）创建不同类型的资本积累。旧城再生项目不可避免地被视为创造"垄断租金"的方式，这是地方发展的关键资产（Harvey，2001）。

2.3.3 文化为城市发展提供新动力

21 世纪是文化繁荣发展的世纪，也是文化间交流、碰撞、融合的世纪。在全球化、数字化、网络化趋势的渗透下，文化越来越趋于多元，也越来越成为彰显民族特色、地方特色的重要载体。有关文化的任何维度的内容，因此而获得了鲜活的生命力——文化的内容被不断挖掘、整合，文化的载体被不断创新、延展，文化的态势被不断刷新、推进……文化进入了前所未有的重要扩张期、繁荣期、竞争期。放眼国际，任何民族、国家或地区，都不吝为文化开创一个欣欣向荣的局面。在美国、英国、法国、德国、日本等发达国家，文化已然成为重要的社会力量和经济力量，许多国家也纷纷实施"文化立国""文化强国"的战略。

随着全球化、信息化的发展，世界正在逐步进入后工业社会，"资本和技术主宰一切的时代已经过去，创意的时代已经来临"迅速成为从美国硅谷到华尔街的流行语。面临着社会经济的全面转型，文化和人的创造力对社会经济发展的贡献率不断增加，并逐渐成为社会经济发展的主要动力因素。文化与经济、技术等不断融合发展，文化逐渐成为现代城市发展的新动力。

从国外城市发展实践来看，文化创意产业作为一种"新经济"业态正在迅速崛起，并逐渐成为当今世界最具活力的新兴产业之一。在西方发达国家，文化创意产业已成为国民经济的重要支柱性产业，并且增长率普遍高于经济总量的增长率，为社会提供了大量的就业岗位，文化创意产业甚至成为一些国家或地区经济复苏的新希望。统计显示，2010年美国文化创意产业的产值已占美国GDP总量的18%~25%，成为美国国民经济最重要的支柱产业之一，同时在美国的出口增长中也扮演着十分重要的角色。统计数据显示，1996~2010年，英国文化创意产业产值年均增长率都在6%左右，而英国整体经济增长率仅为2.8%左右；2010年，英国文化创意产业直接从业人员已达100多万人，间接从业人员约45万人，文化创意产业的从业人员占全国总就业人数的5%，文化创意产业成为英国经济复苏的重要产业。在新兴经济体中，文化产业在国民经济总产值中的份额不断增加，朝着支柱产业的方向发展（于良楠，2014）。联合国贸易和发展会议发布的《创意经济展望：创意产业国际贸易趋势（2018）》研究报告显示，2002~2015年，尽管全球经济经历了2008年金融危机的沉重打击，文化创意产品的创造、生产和分销受到很大影响，但文化创意产品的市场价值却实现了翻番，从2002年的2080亿美元增长到2015年的5090亿美元。创意产业在这13年中的出口增长率超过7%，为世界经济发展作出了巨大贡献。创意经济已成为衡量国家和地区经济发展水平的重要指标。

文化及相关产业能够推动经济结构多元化、刺激经济繁荣、提升国民幸福感，对推动城市转型发挥了极为重要的作用，已经成为城市转型的助推器，引领了城市的未来发展。世界上许多城市通过发展文化创意产业，使城市的产业结构发生了巨大变化，经济发展更加显示出活力，人们的生活品质得到更大的提升，生活变得更加美好。

联合国教科文组织于2004年创立了创意城市网络（UCCN），致力于促进将创意视为可持续发展战略因素的城市之间的合作，旨在通过对成员城市促进当地文化发展的经验进行认可和交流，从而达到在全球化环境下倡导和维护文化多样性的目标。截至 2016 年，该网络在全球的参与城市为 116 个，共同肩负着同一使命，即使创意和文化产业成为地区发展战略的核心，并且积极开展国际合作（表 2-1）。

2004～2015年全球创意城市网络（UCCN）成员名录　　表2-1

称号类别	颁布时间	国别	城市
文学之都	2004 年	英国	爱丁堡
	2008 年	澳大利亚	墨尔本
	2008 年	美国	爱荷华城
	2010 年	爱尔兰	都柏林
	2011 年	冰岛	雷克雅未克
	2012 年	英国	诺维奇
	2013 年	波兰	克拉科夫
	2014 年	西班牙	格拉纳达
	2014 年	德国	海德堡
	2014 年	捷克	布拉格
	2014 年	新西兰	达尼丁
	2015 年	伊拉克	巴格达
	2015 年	西班牙	巴塞罗那
	2015 年	乌克兰	利沃夫
	2015 年	乌拉圭	蒙德维的亚
	2015 年	英国	诺丁汉
	2015 年	葡萄牙	欧比多斯
	2015 年	爱沙尼亚	塔尔图
	2015 年	俄罗斯	乌里扬诺夫斯克
电影之都	2009 年	英国	布拉德福德
	2010 年	澳大利亚	悉尼
	2014 年	韩国	釜山
	2014 年	爱尔兰	戈尔韦
	2014 年	保加利亚	索菲亚
	2015 年	马其顿	比托拉
	2015 年	意大利	罗马
	2015 年	巴西	桑托斯
	2017 年	中国	青岛
	2017 年	英国	布里斯托

续表

称号类别	颁布时间	国别	城市
音乐之都	2006 年	西班牙	塞维利亚
	2006 年	意大利	波隆纳
	2008 年	英国	格拉斯哥
	2009 年	比利时	根特
	2010 年	中国	哈尔滨
	2012 年	哥伦比亚	波哥大
	2013 年	刚果共和国	布拉柴维尔
	2014 年	日本	浜松市
	2014 年	德国	汉诺威
	2014 年	德国	曼海姆
	2015 年	澳大利亚	阿德莱德
	2015 年	葡萄牙	新伊达尼亚
	2015 年	波兰	卡托维兹
	2015 年	牙买加	金斯敦
	2015 年	刚果	金沙萨
	2015 年	英国	利物浦
	2015 年	哥伦比亚	麦德林
	2015 年	巴西	萨尔瓦多
	2015 年	韩国	统营
	2015 年	印度	瓦拉纳西
手工艺与民间艺术之都	2005 年	美国	圣达菲
	2005 年	埃及	阿斯旺
	2009 年	日本	金泽
	2010 年	韩国	利川
	2012 年	中国	杭州
	2014 年	中国	苏州
	2013 年	意大利	法布里亚诺
	2013 年	美国	帕迪尤卡
	2014 年	海地	雅克梅勒
	2014 年	中国	景德镇
	2014 年	巴哈马	拿骚
	2014 年	印度尼西亚	北加浪岸
	2015 年	沙特阿拉伯	阿尔阿萨

续表

称号类别	颁布时间	国别	城市
手工艺与民间艺术之都	2015 年	阿富汗	巴米扬
	2015 年	厄尔多瓜	杜兰
	2015 年	伊朗	伊斯法罕
	2015 年	印度	斋普尔
	2015 年	刚果	卢本巴希
	2015 年	墨西哥	圣克里斯托瓦尔－德拉斯卡萨斯
	2015 年	日本	筱山
设计之都	2005 年	阿根廷	布宜诺斯艾利斯
	2005 年	德国	柏林
	2006 年	加拿大	蒙特利尔
	2008 年	日本	神户
	2008 年	日本	名古屋
	2008 年	中国	深圳
	2010 年	中国	上海
	2010 年	法国	圣埃蒂安
	2010 年	韩国	首尔
	2011 年	奥地利	格拉茨
	2012 年	中国	北京
	2014 年	西班牙	毕尔巴鄂
	2014 年	巴西	库里蒂巴
	2014 年	英国	邓迪
	2014 年	芬兰	赫尔辛基
	2014 年	意大利	都灵
	2015 年	印度尼西亚	万隆
	2015 年	匈牙利	达布佩斯
	2015 年	美国	底特律
	2015 年	立陶宛	考纳斯
	2015 年	墨西哥	普埃布拉
	2015 年	新加坡	新加坡
媒体艺术之都	2008 年	法国	里昂
	2013 年	日本	札幌
	2013 年	法国	昂吉安莱班
	2014 年	塞内加尔	达喀尔

续表

称号类别	颁布时间	国别	城市
媒体艺术之都	2014年	韩国	光州广域市
	2014年	奥地利	林茨
	2014年	以色列	特拉维夫
	2014年	英国	约克
	2015年	美国	奥斯汀
美食之都	2005年	哥伦比亚	波帕扬
	2010年	中国	成都
	2011年	瑞典	厄斯特松德
	2012年	韩国	全州市
	2013年	黎巴嫩	扎赫勒
	2014年	中国	顺德
	2014年	巴西	弗洛里亚诺波利斯
	2014年	日本	鹤岗市
	2015年	巴西	贝伦
	2015年	挪威	卑尔根
	2015年	西班牙	布尔戈斯
	2015年	西班牙	德尼亚
	2015年	墨西哥	恩塞纳达
	2015年	土耳其	加济安泰普
	2015年	意大利	帕尔玛
	2015年	泰国	普吉
	2015年	伊朗	拉什特
	2015年	美国	图森

（资料来源：作者根据联合国教科文组织创意城市网络官网 https://zh.unesco.org/creative-cities/ 提供资料整理。）

2.4 旧城文化资源的构成与利用

2.4.1 城市文化资源的构成

一般认为城市文化遗产可分为物质遗产和非物质遗产两方面内容。物质遗产主要指的是历史建筑、文物古迹、遗址等历史遗物，非物质文化遗产则是以非物质形态存在的与群众生活密切相关、世代相承的传统文化。

为应对 21 世纪文化产业兴起之迅猛及其迫切的发展需求，出于对街区内文化产业相关要素的考虑，本书在旧城的文化资源构成中加入了文化产业的现有基础及可利用资源，作为文化资源的一种当代特点。由此旧城的文化资源主要可分为 3 大类 6 个方面的内容。

（1）城市物质环境

①城市形态特征与特色景观。这是城市在数百年乃至数千年的动态演变中不断发展形成的，表达了不同时期的不同追求（图 2-2）。

②负载历史信息的建筑物、城市基础设施、技术设施等。

（2）非物质文化遗产

①考古成果、地方习俗、节日庆典、艺术、文学、传说故事、饮食文化、方言等（图 2-3）。

②传统的生活、行为方式、社会关系和社会交往。

（3）当代文化资源

①特色产业，例如传统手工加工业、文化创意产业、与文化有关的第三产业等。

②演艺活动、艺术媒体活动、文化会展活动、社区文化活动、教育培训活动等（图 2-4）。

图 2-2　历史街区特色景观

（图片来源：https://baike.baidu.com/item/ 宽窄巷子）

图 2-3 非物质文化遗产资源代表作"皮影戏"
（图片来源：https://baike.baidu.com/item/皮影戏）

图 2-4 文化展览活动
（图片来源：http://www.sohu.com/a/255670061_556612）

2.4.2 从文化遗产到文化生产

由于文化在新时代焕发出巨大的综合价值，当代在对待、保护与合理利用旧城文化资源的问题上，已经打破传统的思维定式：并不单纯地只考虑遗产保护，而是更多地从当代人的精神需求出发；不仅关注遗产的数量和质量，而更关注它们在当代的认同度和发展空间；并不仅仅着眼于静态地留存，而更着眼于文化资源的运用与再创造（李康化，2011），使其焕发出可持续的生命力，例如将其提炼为时尚的文化艺术符号在文化产业中进行应用。

在当前的信息经济发展中，文化越来越被合并于生产，成为一项新的生产要素和重要经济资源，文化的生产力功能进一步增强（刘诗白，2005）。发达国家出现了发达的文化生产，形成了生产文化、知识产品的文化产业，文化产业已成为世界经济新的增长点。

由于各国在文化背景、经济发展水平、分类标准、文化需求以及对文化产业的特征与内涵认识等方面的巨大差异，不同国家的学者从不同角度对文化产业进行定义。

联合国教科文组织在1986年发布了《联合国教科文组织文化统计框架》，首次从文化统计的角度对文化产业进行分类，将文化产业分为十大类，其分类标准为世界各国文化产业分类统计提供了指导。随着社会和技术的进步以及文化产业在经济和社会领域的巨大变化，联合国教科文组织为了使文化产业的分类统计具有更高的国际可比性，在2009年重新修订了《联合国教科文组织文化统计框架》。其中将文化产业划分为八大类别，包括文化和自然遗产、表演和庆祝活动、视觉艺术和手工艺、书籍和报刊、音像和互换媒体、设计和创意服务、旅游业、体育和娱乐以及与之相关的存档与保护、教育和培训、装备和辅助材料等。同时超越简单的分门别类，引入"文化周期"的概念以展示文化生产和文化活动是如何展开的，并将文化活动纳入由"创造、生产、传播、展览/接受/传递、消费/参与"五个阶段的组成的生产周期，以帮助在文化政策制定时明确其对象处于整个流程中的哪个阶段。

美国把文化产业称为版权产业，从文化产品和服务具有知识产权的角度突出强调了版权的重要性。美国国际知识产权联盟按照世界知识产权组织的版权产业分类方法，将文化产业从版权的角度划分为狭义的文化产业和广义的文化产业。狭义的文化产业是指版权产业，包括新闻业、网络服务业、计算机软件业、出版发行业、广播电影电视业、广告业和信息及数据服务业等行业。广义的文化产业除了包括版权产业外，还包括非营利性产业、文化艺术业和体育业等。

英国以"创意产业"代替文化产业进行分类,将文化创意产业定义为"那些发源于个人创造力、技能和天分,能够通过应用知识产权创造财富和就业机会的产业"。按照就业人数多或参与人数多、产值大或成长潜力大、原创性高或创新性高三个原则标准,2001年英国《创意产业发展报告》中将创意产业划分为软件开发、出版、广告、艺术和古玩、电影和录像、电视广播、电子游戏、工艺、建筑、音乐、设计、时尚行业以及表演艺术13项产业。

德国将文化产业称为文化经济,是指对人们的日常生活产生影响的私营文化行业,主要包括博物馆、广播电视、收藏与展览、艺术品交易、书馆、音乐及视听产品、节日会演、图书报纸出版、戏剧、文化古迹保护和保存、电影以及与以上相关的网络信息服务。

澳大利亚文化部长委员会对文化产业的分类比较宽泛,认为文化产业主要包括体育和健身娱乐类、遗产类、艺术类和其他文化娱乐类四大类。其中体育和健身娱乐类主要包括体育和健身场馆与服务业、体育和健身器材制造和销售业、赛马和赛狗业;遗产类主要包括公园和动植物园业、博物馆业、图书馆业;艺术类主要包括商业摄影业、可视艺术品与手工艺术品创作和零售业、出版发行业、建筑设计业、广告业、艺术表演业、广播电视服务业、电影业、音乐出版发行业、艺术教育业及其他艺术创作业;其他文化娱乐业主要包括观光旅游业、文化娱乐设施建设业、娱乐和主题公园业、博彩业、餐饮业以及其他文化娱乐业等。

韩国《文化产业振兴法》把文化产业分为八大门类:第一门类包括电影及相关产业;第二门类包括文化财产相关产业;第三门类包括录影带、音乐唱片和游戏产品相关产业;第四门类包括人物造型、广告、动画、演出、设计、工业品和美术品相关产业;第五门类包括出版、印刷品和期刊相关产业;第六门类包括数字化开发、加工制作、生产、储存、流通等相关服务的产业;第七门类包括放送影像产品相关产业;第八门类包括其他由总统令确定的传统服装和传统食品等相关产业。

日本把文化产业称为内容产业,主要包括新闻业、出版发行业、音乐和唱片业、游戏业、电影业、文艺演出业、音像业、动画业、广播电视业、会展业、广告业、文化教育业、娱乐业和旅游业等。

中国国家统计局2018年印发的《文化及相关产业分类》中，将产业范围定位为"以文化为核心内容，为直接满足人们的精神需要而进行的创作、制造、传播、展示等文化产品（包括货物和服务）的生产活动。具体包括新闻信息服务、内容创作生产、创意设计服务、文化传播渠道、文化投资运营和文化娱乐休闲服务等活动"。将文化及相关产业划分为九大类，具体包括新闻信息服务、内容创作生产、创意设计服务、文化传播渠道、文化投资运营、文化娱乐休闲服务、文化辅助生产和中介服务、文化装备生产、文化消费终端生产等。

第 3 章

国内外旧城再生的相关研究及发展趋势

3.1 我国旧城更新的发展历程

3.1.1 我国旧城更新的动因及历程

我国的旧城更新从动因到历程都与西方国家有很大的不同。我国大部分城市的旧城虽设施简陋却接近中心区文化娱乐场所和基础设施，具有吸引力而始终地价高昂，未经历如西方城市中心旧城区那样明显的衰败过程。多数学者普遍认同我国旧城面临的问题是物质性老化、功能性及结构性衰退。近期也有不少研究反映出当前我国旧城问题远不像10年前那样只是物理老化、功能衰退和结构衰退问题。佘高红等指出伴随社会主义市场经济体制改革，我国社会阶层日益分化，贫困阶层人数日益增多，并聚集于一些尚未更新的旧城区。这些旧城社区由曾经具有活力的地区逐渐变为人口老龄化、贫困化的地区。在这种情况下，旧城不仅要应对物质性衰退，同时也要应对社会、经济的活力复兴问题（佘高红，朱晨，2009）。

我国的旧城更新在1990年代以前主要以局部危房改造、基础设施建设为目标内容。1990年代开始，随着产业重构、土地改革和住房私有化等趋势，我国开始出现了类似西方城市的大规模的旧城更新项目。而现阶段我国旧城更新的动因主要来自社会经济结构深刻变化提出的高层次要求，逐渐向功能结构调整、人文环境优化、历史文化传承等更多内容发展（方清海，2010）。

（1）新中国成立初期～改革开放以前：填空补实

新中国成立初期直至1970年代，国家建设重点在于发展工业。旧城虽然有诸多复杂的问题，但当时国力有限，无暇顾及，在"充分利用，逐步改造"的政策下，只做局部危房改造及最基本的生活基础设施增加，旧城更新改造未有实质性的进展。

直至1970年代后期，之前的工业发展使工业规模不断扩大，由此带来了职工住房问题，各大工业城市开始在工厂周边兴建住宅。其中涉及旧城区的项目大多数的做法是填空补实、见缝插针，在一定程度上加剧了旧城环境恶化，亦为以后的更新改造工作留下了许多隐患（阳建强，2000）。加之管理体制和规划理念的落后，旧城普遍存在布局混乱、房屋破旧拥挤、环境脏乱、市政设施落后、公共设施短缺、历史建筑遭人为破坏等一系列问题（黄莹，2002）。这样的局面一直持续到改革开放前夕。

（2）改革开放~1980年代末：拆一建多

我国的城市建设在改革开放的经济社会背景下规模空前。首先，旧城区的建筑、环境、基础设施严重老化，难以满足居民生活及经济发展需求；同时，随着我国的市场经济体制改革、土地的有偿使用、住房制度改革、商品房的蓬勃发展等，在城市容量有限的现实下，可供开发的新区用地越来越少，旧城区的土地重新吸引了开发商的目光，旧城区获得了新的改造动力和契机（王凌曦，2009）。许多老城区都出现了大量火柴盒似的简易住宅，希望通过最小的资金投入解决最多的居住问题。形式主义和狭隘的功能主义不但没能提高土地资源的使用率，反而造成了明显的建设性破坏，对于本已积累了大量问题的旧城冲击尤其明显。

（3）1990年~20世纪末：推倒重建

随着我国社会主义市场经济体制的深入、城市整体经济实力的增长和房地产市场的推动，这一时期旧城更新的突出特征是地产开发主导的城市改造（翟斌庆，伍美琴，2009），主要方式就是大规模的推倒重建。相对于拆一建多而言，推倒重建在基础设施完善和环境改善方面有了进步，但不少房地产商将传统街坊以"危旧房改造"的名义铲除，取而代之的是高强度的商业和办公等短期赢利性建筑。暴露出的一些问题也日益突出和严重，如城市中心开发过度、缺乏活力，社会利益结构扭曲，各类保护建筑遭到破坏，城市的文脉被切断，城市特色消失等。

（4）21世纪初：趋于理性

21世纪我国进入了快速城市化时期，城市面貌发生了巨大变化；人们生活水平逐渐升高，已不满足于简单的物质改善；同时为应对全球化的挑战，"可持续发展"以及更高水平、高质量的"新型城市化"目标被提出。随着2003年"科学发展观"和2004年"和谐社会"理念的提出，社会因素与经济、政治等具有同等重要的地位。人们逐渐意识到旧城更新不仅仅是物质的翻新，不仅仅是房地产开发的经济行为，它还具有深刻的社会和人文内涵；其不仅是城市经济问题，更是重大的城市民生问题，同时也是关系到城市竞争力的问题；旧城更新是多目标的而不是单目标的（张更立，2004）。此时期的旧城更新更加趋于理性，在大规模更新硬件的同时也逐渐关注软件的建设。

（5）现阶段：多元发展

现阶段我国古城、历史文化街区保护利用的理念及方法已取得了不小的进步，可以说是优势与问题并存。全社会重视程度越来越高，大拆大建已越来越少；开发主体已由单一的政府主导逐步走向多元；古城、古镇旅游火爆，"历史街区+文化商业""历史街区+文化旅游"的开发模式蓬勃兴起、景象繁荣（图3-1）。

时至今日，随着习近平总书记提出"让文物活起来""让文物说话、把历史智慧告诉人们，激发我们的民族自豪感和自信心"，2017年初，中共中央出台的《关于实施优秀传统文化传承发展工程的意见》中提出，"坚持创造性转化和创新性发展，""不断赋予新的时代内涵和现代表达形式，不断补充、拓展、完善，使中华民族最基本的文化基因与当代文化相适应、与现

图 3-1　历史街区文化旅游的繁荣景象

（图片来源：https://baike.baidu.com/item/南锣鼓巷）

代社会相协调"。2017年10月，党的十九大报告再次强调，"推动中华优秀传统文化创造性转化、创新性发展，继承革命文化，发展社会主义先进文化，不忘本来、吸收外来、面向未来，更好构筑中国精神、中国价值、中国力量，为人民提供精神指引"。文化资源在的合理利用以及文化导向型的城市更新与再生中被推向新的发展阶段、新的高峰。

3.1.2 我国运用文化资源进行旧城更新的成效与问题

中国的旧城更新开始逐步反思"推土机"运动的弊端，文化维续、传承的重要意义逐步被认识，城市文化被重视。无论是城市中心区，还是历史文化街区和城市的老旧工业区的更新，在理念和实践上都在不断创新。一些立足于文化传承，并且积极进行文化价值重塑和文化产业功能开发的旧城更新项目在一些城市陆续实施，并且取得了较好的效果。上海的"新天地"是国内较早将旧城更新、本地传统文化元素与商业开发结合起来的旧城市中心更新案例。北京的798、南锣鼓巷分别是文化创意产业入驻老工业区和历史街区的案例，在保留历史感和城市记忆的同时，将灵动的时尚元素植入，使旧城地段变为充满时代气息的、国际化的文化休闲区。

近年来，中国各地旧城更新的突出之处是，许多城市将旧区作为文化创意产业的园区加以重新开发。1990年代末，得益于欧美国家文化创意产业发展经验，我国的旧城及老工业园区与文化创意相结合的再开发模式开始出现，兴起了一批具有一定规模和集聚效应的创意产业基地，历史建筑被赋予了新的文化功能。然而因创意产业对周边地价的带动作用，创意产业优惠政策被一些地产商利用，成为炒作筹码，创意产业园悄然变味：从一开始由个别艺术家个体化的选择慢慢地变成了房产商的主动介入，他们或通过邀请艺术家入驻或与艺术区相邻，目的在于市场化的房产开发。这种过度商业化的变相的文化更新模式，最终留下的只能是地方传统文化的扭曲以及文化产业的"泡沫化"和"空洞化"，同时忽视了原住民的重要性，原住民的利益无法得到合理表达而成为城市发展的"牺牲品"。部分旧城更新在快速发展中存在的问题具体包括以下几个方面。

(1) 在物质空间方面，景观风貌同质化明显

虽然街区被整治一新，但不少地区对古城镇、历史街区、古建筑进行不恰当的包装改造，拆旧建新仍时有发生。拆除真古董，新建假古董，城区有特色的建筑被拆除，取而代之的是现代商业区，文化历史底蕴深厚、建筑特色多样的历史街区被仿古商业街取代。导致部分地区古城、历史街区风貌出现雷同，城市更新同质化现象突出，地方特色消失。

(2) 在文脉传承方面，文化原真性丧失

古城、历史街区的更新中对一些落后衰退的功能进行置换是必需的。但很多改造中对其处理得比较生硬，或因为功能导向、经济价值驱使等，对特色文化挖掘不多，且没有将原住居民考虑在内，大量原住居民外迁，被各种各样的外地客商所取代。历史地区失去了传统的生活方式和习俗，也失去了文化的活态传承。

(3) 在产业发展方面，业态低端化

部分历史街区的产业态以简单的餐饮业、零售业为主。连锁型餐饮、零售业对文化遗产的价值展现非常有限，过多与当地文化无关的低端业态拉低了街区文化品位（图3-2）。同时也出现了我们通常看到的各古城景区所售特色商品都类似的情况，严重影响了古城、历史街区的可持续发展能力。

图3-2　历史街区低端业态

（图片来源：https://baike.baidu.com/item/南锣鼓巷）

（4）在管理运营方面，政府与市场的职能尚未厘清

一方面，相关法律法规缺位，对于历史建筑保护、利用的法律法规只存在于行政法规的专章、地方性法规或者规章中，缺乏体系性且法律效力弱，改造利用更是无法可依、无章可循；另一方面，政府与市场的边界与职能尚未厘清，虽然引入了市场化机制但很不完善，公众参与度仍较低，而政府监管不到位，时常有历史建筑被开发商拆除的情况。

（5）社会结构破坏，民生问题边缘化

在城市更新过程中对物质环境更新改造关注较多，但对内部社会空间、社区文化关注较少。许多城市从地价的级差效应出发，盲目追求经济效益和短期效益，将原住民房屋改建为高级办公楼或者商业，而居住环境、公共服务、基础设施等民生问题常常被忽视。或是将原住民整体搬迁，造成原住民对城市更新的诉求和现实存在矛盾差距导致心理失衡，易成为威胁社会稳定的潜在因素。

如今，过往旧城更新的功过已经慢慢被理性看待，城市文化保护、居民保护、理性开发、适度开发、微更新、精细化更新等观点和措施正逐步走上舞台。

3.1.3 我国旧城更新的趋势特征

随着城镇化的快速发展，我国城市规划正由增量规划逐渐转变为以存量更新为主。在城市规划发展模式发生改变的过程中，城市更新也表现出一系列新特征，正在发生逐步由"更新"到"再生"的治理方式转变。主要体现在以下几方面。

（1）面临更新主体差异化及需求多样化

在存量规划时期，城镇化的发展以城市内部功能结构优化、生活品质提升等为主，更新主体较原来增量规划时期种类更为多，主体之间的差异化更明显，如当前更新中历史街区、旧住区、工业遗产等各类型的更新越来越多。在更新主体差异性明显的同时内部发展的需求也越来越多样化，一方面各类社会资本掀起对历史建筑再利用的热潮，另一方面居民参与的自

主性增强，更新过程中要满足政府、开发商、居民等各个方面的利益需求。

（2）重视平衡历史文化资源保护与创新性发展

老城往往具有一定的历史文化遗存，如何在盘活过程中既能够满足用途及功能的变更，同时又将上述历史文化进行保留，且与新建建筑进行有机的融合，既保留文化遗产资源的原真性特色，又进行创造性转化和创新性发展，尤其是避免文化资源的浅表性、庸俗化滥用，目前已成为政府、业主与当地居民社群共同的诉求，也是各地正在积极探索的重要领域。

（3）兼顾转型变革中的社会公平与社会治理

在城市更新与城市化进程同步时期，我国城市更新面临外界经济社会与资源环境的多重压力，政府行为具有强烈的促进经济发展的性质。对于城市更新同样是目标导向，以经济发展、环境改善为目标，容易造成强调效益与效率、忽视社会正义的结果，部分城市更新对于更新过程中复杂的公众问题常常回避，其结果反而使得社会矛盾加深。在存量规划发展时期，社会公平的需求进一步加深（张美乐，等，2017）。由于城市更新涉及个体和集体利益，需要通过各种协商、共识去磨合不同立场的利益冲突（图3-3），不断扩大的集体共识催生共同约定的规则，这正是推进社会治理观念的基础。旧城更新与再生的实施，其社会学层面的积极意义将比其带来的经济效益更大，影响更久远。

图3-3 深圳市城市总体规划编制公众参与工作坊现场

（图片来源：http://ibaoan.sznews.com/content/2017-11/19/content_17791680.htm）

图 3-4 "微改造"后的深圳南头古城小院落
（图片来源：http://www.szonline.net/shgao/20181105/20181137575.html 深圳商报，记者韩墨）

（4）趋于精细化高品质发展态势

城市更新的精细化发展日趋明显，开始朝向小尺度、精细化、高品质发展，在华南、华东等地区，精细化、微改造、微更新已经成为非常重要的更新方式（图 3-4）。"微改造"包括局部拆建、功能置换、整治修缮、保护、活化等内容。城市更新也不再单一的注重建筑及形象的改善，而是从形象、品质、产业、功能、服务等全方位进行提升。

3.2 西方旧城更新与再生的发展历程

国内学者从 1980 年代初就开始了对于西方旧城更新的研究，至今已成果丰硕。主要有以下几种看法。方可将其分为 4 个阶段，即二战后推倒重建清理贫民窟，1950~1960 年代城市中心土地的强化利用，1960~1970 年代中产阶级化与邻里复苏，1970 年代以后的公共参与与社区规划（方可，1997）。陈则明把旧城更新分为工业化时代的和后工业化时代 2 个阶段（陈则明，2000）。张京祥等认为根据理论指导思想的不同，其大体可以分为 2 个主要阶段，即二战前期至西方后工业化前夕以物质规划为指导的物质更新阶段和后工业化时期"人本主义"、可持续发展思想影响下的理性阶段（李建波，张京祥，2003）。佘高红认为西方旧城再生实践从 1950~1990 年代经历了重建、振兴、更新、再开发、再生 5 个发展阶段。伍美琴则依据旧城再生的运作特征，将旧城更新再生的发展历程分成 4 个阶段，第一阶段为二战后~1960 年代的国家为主导的整体再开发；第二阶段从 1960 年代中期到 1970 年代的多层面的旧城再开发和修复；第三阶段从 1970 年代到 1980 年代以公私合作为基础以房地产开发为主导的旧城更新；第四阶段始于 1990 年代，延续了上一阶段公私合作的模式，但更加强调回归社区（佘高红，2007）。

通过对已有文献的集中梳理，可以看出，1970~1980 年代为一个重要的转折点，经济的后工业化及其带来的一系列思潮对旧城更新的转变产生了很大的影响。1970 年代以后，旧城更新的目标超越了单纯的物质更新，转向追求社区综合发展，以小规模的、渐进式的自愿更新取代了之前的大规模、激进式的、政府主导的旧城更新，进而提高居民生活质量，提升城市活力（徐琴，2009）。因此，欧美旧城更新的历程大体上可以分为 2 个阶段，即在时间上以 1970~1980 年代为分界，之前主要是遵照物质形体规划的精神，之后则开始了人本主义及可持续发展的探索。

3.2.1 旧城更新运动的动因及历程

欧美旧城更新起始的动因，可追溯到 1920~1930 年代。当时，随着科技的进步，金融、通信、文教、医疗、旅游等新兴产业开始萌芽，并在城市中不断寻求发展空间，而相对集中在内城的传统制造业则逐渐衰落并纷纷外迁，导致内城开始衰败（李艳玲，2004）。城市产业结构及布局的这一变迁，是现代旧城更新运动的起因。

（1）1940~1950 年代：清理贫民窟、大规模推倒重建

第二次世界大战前经济萧条导致的建筑业停滞使得已经开始的内城萧条更为严重，并造成住房短缺，这种状况随着战后大批复员军人的回城安置而变得更为突出（李艳玲，2004）。二战以后，出自胜利者的高昂热情，各国政府都拟定了雄心勃勃的城市建设计划（方可，1997），以重建被二战

及经济大萧条破坏的城市。其中复兴内城、解决住宅匮乏是首要问题。由此欧美国家开始了大规模的旧城更新运动。受"形体决定论"为核心的近现代城市规划思想的影响，在现代建筑师协会（C.I.A.M）倡导的"功能主义、强调新技术的应用"的城市规划思想指导下（李建波，张京祥，2003），1940~1950年代，欧美国家旧城更新运动的做法是大规模推倒重建及清理贫民窟，取而代之以"国际式"高楼，以尽快摆脱残破的居住环境。

（2）1950~1960年代：内城高强度商业开发

1950~1960年代，欧美各国经济的迅猛发展对城市土地需求高涨，城市中心区被高强度商业开发。这一时期的旧城更新运动从根本上来说是试图强化位于城市良好区位的城市中心区的土地利用，通过吸引高营业额的产业如金融保险业、大型商业设施、高级写字楼等来使土地增值（方可，1998）。

但一段时间的繁荣之后，出现了大量问题，如中心区地价飞涨、中心区在夜晚及周末"死城"化、城市郊区化更加严重、犯罪率升高等社会问题，同时大量被迫从城市中心迁出的低收入居民在内城边缘聚居，形成新的贫民窟（陈则明，2000）。内城问题日益加剧和复杂。

（3）1960~1970年代：福利色彩的社区更新

1960年代以后，西方社会迎来了普遍富足的黄金时期，凯恩斯主义的盛行使社会公平和福利受到广泛关注，人们对政府提供公共服务的责任有了更高的要求。这种背景下的旧城更新制度向弱势群体倾斜，福利色彩的社区更新逐渐取代了推土机式的重建（董玛力，陈田，等，2009）。英国政府自1960年代中后期开始了政府主导、政府及公共部门实行拨款补助的旧城更新实施机制，由中央政府启动、地方政府实施的"城市计划"（Urban Program）则成为这一时期最重要的旧城更新项目（赵威，2008）。美国政府则出台了以"伟大社会"而著称的社会改革计划，不再一味地拆除重建，而是对包括住房在内的城市政策加以调整，使旧城更新与缓解贫困、扩大城市就业及教育机会等相结合。然而终因其目标含混、收效不明显并与资金严重脱节（李艳玲，2004），美国国会于1973年正式宣告结束旧城更新运动。

3.2.2 旧城更新向旧城再生方向发展

大规模的旧城更新并没有收到预期的效果，反而使城市遭受了一定破坏。西方学者对大规模改造方式进行了反思与批判。

1961年，芒福德在《城市发展史》中强调，城市规划应当以人为中心，注意人的基本需要、社会需求和精神需求。雅各布斯在《美国大城市的死与生》一书中指出"多样性是城市的天性"，大规模改造计划是一种"天生浪费的方式"。建筑师C·亚历山大认为大规模改造所用的统一形体规划否定了城市文化价值、并将城市功能彼此分离，是极其荒谬的（方可，2000）。由此，"人本主义"思想开始影响城市规划研究，旧城更新的关注点从物向人转移，由物质环境、城市结构转向旧城社区的发展。

（1）1980~1990年代：公私合作的地产开发

1980~1990年代，新兴技术和全球化对城市发展产生了深刻的作用。西方跨国公司为了降低成本将工业生产项目转移到发展中国家。发达国家的制造业则纷纷衰落，而生产性服务业逐渐兴起，开始进入后工业化时代，传统制造业城市普遍出现衰退现象，如工厂倒闭、人口外迁。正如1977年英国《城市白皮书：内城的政策》所指出的，内城的问题实际上是城市经济的问题（易晓峰，2009）。与此同时，新自由主义市场经济取代凯恩斯主义走上历史舞台，各国不断放松对经济的管制，放宽对民营化的限制。欧美发达国家的内城政策也相应转型，开始了以市场为主导、以公私合作伙伴关系为基础、以房地产开发为主要方式、以经济增长为取向的新思维（赵威，2008）。日益严重的内城问题无法只依靠有限的政府拨款解决，私有部门被奉为拯救城市衰退区经济的首要力量（董玛力，陈田，等，2009）。各大城市的旧城治理都在推进支持金融资本及支撑这些机构的服务业的发展，尽管在促进新兴产业发展、遏制内城衰败等方面起到了一定的积极作用，但在消除城市贫困现象和解决城市社会问题等方面鲜有作为。

（2）1990年代至今：追求可持续发展的旧城再生

进入1990年代后,"全球化"和"地方化"不断深化,全球产业经济向服务化和创意文化转向,人本主义和可持续发展的理念日益深入人心,人们越来越意识到旧城更新应该照顾到低收入人群,缓解旧城社区的贫困,以达到可持续发展的目标,而不仅仅是房地产开发和物质环境的重建。同时随着推土机式的推倒重建,很多极具价值的历史建筑和文化遗产流失消亡,为了避免悲剧重演,国际社会在加强文化保护传承方面进行着不断努力。

1990年代以后兴起的可持续发展理念首先强调不同发展主体的公平性,这种公平性既体现在代际公平,也体现在代内公平。可持续发展理论认为,面对世界范围内的社会、经济和环境的变化,必须要给予居民以足够的应对能力。这就意味着使其公平地享有精神文化空间;有机会认识、实践和创造本地知识;能够获得必要的资源,如土地、工资、信息、信贷及培训等;有机会和能力参与社会决策等。在可持续发展中,经济发展、社会发展和环境发展被摆到了同等重要的位置上。

这种思潮进入到了包括城市发展在内的社会发展的各个议题,由此旧城可持续再生得到了广泛的提倡。旧城可持续再生更加注重人的尺度和人的需求,关注人与环境的平衡,比以往更加强调对历史文化的保护,更加强调城市功能的综合和整体对策,涵盖的内容也更为丰富,包括社区规划、塑造文化氛围、生态修复、创造更多的就业机会、提升城市竞争力等。国家政府在解决复杂化的居民贫困问题以及多元化的居民要求这些问题上的能力局限性已经显露无遗,而市民要求按照地区居民的生活习惯进行旧城再生的倾向越来越明显。因此,由市民组织的以志愿者为基础的非营利组织（NPO）展开社会公益活动,整合利用地区的各种资源来解决严重的城市贫困问题,这种现象已被视为社会走向成熟的一项重要标志。旧城可持续再生与之前的更新活动相比,具有三大特色：一是经济、社会、环境的多目标综合发展,二是政府、市场、社区居民的多元协作机制,三是一个长期渐进的可持续的过程。

3.3 西方文化导向型旧城再生的进展

3.3.1 文化导向型旧城再生的兴起

文化导向型旧城再生的萌芽，即文化与旧城治理的结合始于1970年代的美国，零星出现的案例及其经验影响到西欧，自1980年代开始得以快速增长，在1990年代广泛兴起并逐渐扩散至全球。由此，发达国家运用文化活动、文化产业活化旧城已有30多年的历史。

在"文化导向型"旧城再生出现之前，西方国家还经历了"地产导向型"和"零售业导向型"的旧城再生。地产导向型旧城再生主要是开发商实施下的商业开发，不重视原有文化；零售业导向型旧城再生是基于原有产业，对地区原有的产业特色给予了一定的考虑，相对理性。

发达国家文化导向型旧城再生的兴起，是为了扭转城市文化保护在以往旧城更新中的逆境，同时也是社会经济的文化力转向所推动的必然结果。

在历史城区保护方面，1960年代以后历史文化被提升至全人类的精神遗产，日益得到高度重视。1976年联合国教科文组织在内罗毕通过了《关于历史地区的保护及其作用的建议》，把旧城价值从单纯的文化范畴突破至社会、历史和实用方面，强调把街区修复工作与街区振兴活动结合起来。1977年在秘鲁通过的《马丘比丘宪章》，进一步突破了单纯的消极的静态保护观，"保护、恢复和重新使用现有历史遗址和古建筑必须同城市建设过程结合起来，以保证这些文物具有经济意义并继续具有生命力"。1987年国际古迹遗址理事会通过的《华盛顿宪章》进一步扩展了城市保护对象——主要为历史城区，包括城市、城镇、历史中心区或居住区及其自然与人工环境，以及这些地区的传统城市文化价值。2003年，"非物质文化遗产"概念被联合国教科文组织《保护非物质文化遗产公约》引入，即被各群体、团体或个人视为其文化遗产的各种实践、表演、表现形式、知识和技能及其有关的工具、实物、工艺品和文化场所。国际对于城市历史文化的态度，走出了博物馆式的静态保护模式，强调历史文化在现代社会中获得新生，重视普通城市社区的文化价值，并且将市民作为城市文化保护和文化再生的重要力量，而不局限于政府和专家。

在文化力推动城市发展方面，1970年代以后的西方后工业社会中，新中产阶级的消费需求和生活方式推动了从生产的空间向消费的空间的转变，推动了城市转型和城市更新的文化转向，艺术性审美情趣与消费需求激发了众多城市以形象塑造和符号经济为目标的城市更新项目的广泛流行。这种文化转向不仅仅是城市更新的表现形式，更成为推动城市经济复兴的重要手段，文化开始对社会经济产生可见的作用和影响，即经济社会的文化力转向——通过文化经济实现经济转型与经济增长。政府的文化投入已经成为一项产业的"投资"，而不是传统意义上的福利"补贴"（董奇，戴晓玲，2007）。利用文化资源推动旧城再生已成为当代旧城治理的核心议题之一。文化基础设施建设和由政府发起的艺术节等已被视为振兴旧区和创造就业机会的催化剂。文化项目已成为城市品牌的一部分，成为吸引跨境商界精英和内部投资的策略。

因此可以说，文化导向型的旧城再生是对遗产的动态保护，是使旧城及其文化在新时代重新焕发生机的新道路，是文化、经济、社会的多赢。

3.3.2 文化导向型旧城再生的现有研究

西方学者近年来对文化再生策略及项目进行了一系列回顾与评估，继而展开了对其利弊的分析与热议。在肯定它的文化、社会、经济方面成就和价值的同时，也指出了实践中出现的一些问题。

国外研究表明，有些地区在运用文化来引导旧城再生时过度地关注文化的经济利益。Bassett认为，若将文化空间与财富积累建立联系时只考虑临时和短期的提升，即将文化主导的再生战略作为当地经济复兴的临时工具，可能会造成空间不平等、加大贫富差距等社会问题（Bassett，2002）。Miles和Paddison指出，如果当地政府压倒性地突出经济的重要性，可能会减小旧城再生的文化影响，削弱文化之于个人和社区的多样性效益（Paddison and Miles，2007）。

此外，文化商品化会导致再生项目缺乏本地的特殊性，导致各地景观标准化，有些则是所谓的专业人士公然制造的文化、简单的仿古。这类城市形象往往降低地方文化的视觉多样性而进入一种单一的仅反映强势精英阶层情趣和迎合旅游者口味的视觉效果（Berry，1993）。这虽然在短期内吸引了旅游消费，然而从长远角度，这类文化项目忽视本地有意义的文化特色，不可避免地破坏了文化和经济的互动关系（Mommaas，2004）。

其他一些文化为主导的旧城再生研究强调对文化资源进行重新评估，认为地方感、市民社会的力量和身份认知的独特性，是在全球化背景下实现当地可持续发展和城市社会凝聚力的重要手段。例如，Bailey等人建议，将当地的文化项目与公民身份认知结合，可以搞活当地社区和培养当地的独特性（Bailey，2004）。Quinn还建议，地方政府应视文化节为旧区再生的关键要素（Quinn，2005）。由此，塑造地方文化的特殊性成为文化主导旧城再生的关键要素之一。

对于西方文化导向型旧城再生，国内学者也进行了一定的研究。董奇指出，有创新能力的人使衰败的城市变得有活力，因此，旧城的发展策略有必要充分利用原有的文化和历史内涵，通过保护、改善甚至新造一些文化设施和前卫的建筑，来建设满足创造力阶层人群的文化需求的城市环境（董奇，戴晓玲等，2007）。于立等认为，英国以文化为导向的城市复兴的实施策略主要表现在三个方面：文化地标（Cultural Landmark）、文化区（Cultural Quarter）和文化节（Cultural Festival）（于立，张康生，2007）。黄鹤根据文化政策的分类，将之归为三种发展模式：一是结合文化设施建设，二是结合文化活动举办，三是结合文化产业发展（黄鹤，2006）。易晓峰认为文化导向的做法大致可以归纳为两种，即以促进文化（创意）产业为目的和以促进城市形象为目的，这两种方法在实际中是互相穿插的（易晓峰，2009）。

3.4 文化导向型旧城再生的思潮与理念

3.4.1 真实性理念

文化遗产资源是一座城市最珍贵的资产，城市的魅力和发展动力来自于文化积淀，因此文化导向型旧城再生与文化遗产资源的保护利用密切相关。1970年代以来，第二次工业革命爆发，随着工业的发展、经济的繁荣和城市的建设，城市更新中对文化遗产保护和利用也较上一时期有了更大的发展。与之相关的理论研究也随之不断深入。

"真实性"的概念最早出现于1964年的《威尼斯宪章》中，该宪章主要针对欧洲文物古迹的保护与修复，指出"将真实性充分完备地传承下去是我们的职责"。而自1972年《保护世界文化和自然遗产公约》推出以来，真实性成为评估文化遗产的重要标准之一。1994年是人们对真实性认知取得重大成果的一年。1994年11月，在日本奈良召开的奈良会议是自1964年《威尼斯宪章》以来第一次全球层面的对真实性问题进行重新思考与认定的重要实践，并推出了关于真实性的《奈良文件》。这份文件将真实性同文化多样性和遗产多样性联系起来，强调由于文化存在多样性，导致人们对于文化的理解有所差异，实施文化遗产保护的手段也会具有多样性，因此真实性的标准不应该是统一的一种固定标准，而应根据不同的文化，进行科学的评价（郑育林，2014）。

2013年的《实施世界遗产公约操作指南》中对文化遗产的真实性列出了形式与设计、材料与质地、利用与功能、传统与技术、位置与环境、精神与情感等分项评价标准，不仅包括文化遗产本体物质的因素，还包括了文化遗产中本身所凝结的非物质因素，也包括了文化遗产的环境因素。

3.4.2 完整性理念

"完整性"一词来源于拉丁词根，表示尚未被人扰动过的原初状态。它最早被用于自然遗产的评估。1996年在法国举行的"世界自然遗产的总体原则与提名评估标准"专题讨论会上，专家们建议将完整性条件同时应用于世界自然遗产和文化遗产。1998年召开的关于文化遗产和自然遗产的阿姆斯特丹会议进一步建议加强世界遗产文化性与自然性的联系，同时也提出了一系列可行措施以期达到这一目标。

此后，经过一系列主题会议的努力，专家们通过进一步研究"完整性"在自然遗产提名中的应用，要求申报的自然遗产必须有相当的原生态面积以保持与之相关的生态系统的完整性。同样地，文化遗产"完整性"的确定也必须从其"整体性和无缺憾性"方面加以考虑。它既包括建筑、城镇、工程或者考古遗址自身组分和结构的完整，也包括其所在环境的和谐完整，还包括了其所承载的或相关的非物质文化的完整。这就意味着城市更新中，文化遗产及其所处环境，以及其所承载的历史文化信息，要作为一个统一的整体，作为遗产的"完整性"进行保护。

3.4.3 可持续发展理念

可持续发展理念源于1970年代人们对于经济发展极限概念的反思。1972年罗马俱乐部提出了关于世界趋势研究的报告《增长的极限》，该报告认为,如果目前人口和资本的快速增长模式继续下去,世界就会面临一场"灾难性的崩溃"。最初的可持续发展是指既满足现代人的需求，又不损害后代人满足需求的能力，最早使用于物质资源领域，具体表现在既要保护好人类赖以生存的大气、水环境、土地和森林、矿产等自然资源，又要实现经济、社会的协调发展。该概念诞生伊始并没有涉及文化及文化保护问题。但随着经济的不断发展，人们逐渐意识到，物质生活有了保障之后，文化与精神生活的匮乏，也会影响到人类生活质量的提高和社会的持续前进，因此，文化多样性与可持续发展即被提上议事日程。

文化遗产保护中的可持续发展提出于2002联合国文化遗产年之际，世界遗产委员会为纪念《世界遗产公约》30周年而通过的《世界遗产布达佩斯宣言》中明确指出："鼓励尚未加入《保护世界文化和自然遗产公约》的国家，尽早签署公约，并鉴别和申报那些代表文化与自然遗产多样性的各类遗产，""努力在保护、可持续性和发展之间寻求适当而合理的平衡，通过适当的工作使世界遗产资源得到保护，为促进社会经济发展和提高社区生活质量做出贡献"。可以说可持续发展的实质包含着文化和自然遗产的保护等重要课题。前人创造的文化资本、悠久历史中孕育出的地方特色，都要认真地守护并维持其生命力，以实现协调型城镇规划建设。

因此，现在谈及可持续发展，不仅强调自然资源的保护，还应特别关注文化遗产资源的保护。文化资源同自然资源一样，它的价值主体不仅属于当代人，也属于子孙后代。我们既不要刻意用当代人的主观臆断去复原那些已经消亡的东西，也不能用当代人的审美观去粉饰甚至歪曲传统文化的本来面目，更不能人为地用一种所谓的主流文化去加速非主流传统文化现象的消亡过程（郑育林，2014）。

3.4.4 最小干预与可识别的理念

认知到文化遗产产生、发展、衰亡的客观规律，就必须把修复保护提上日程。经过长期探索与实践，最小干预与可识别理念逐渐被人们确立为指导实践工作的另一个重要理论依据。

1931年《雅典宪章》指出，在实施古迹遗址保护和修复时，应采取原物归位法，即尽可能找到原物残片，进行归位修复。针对缺失部分的修复，应使用可以识别的新材料。1964年《威尼斯宪章》进一步指出"修复的目的在于保存和展示古迹的审美价值与历史价值"，它要求必须"以尊重原始材料和确凿文献为依据，而不能有丝毫臆测。缺失部分修补必须与整体保持和谐，又必须有别于原物"。修复和保护过程中"不许进行任何添加，除非它们不至于贬低该建筑物的有关部分、传统布局以及它的结构平衡和与周边环境的关系"。1933年，《国际现代建筑协会章程》明确对在历史地区建造旧形制的新建筑进行了制止。该章程认为,时间永是流逝,不能逆转,人类也不能重蹈历史的覆辙，每个古老文明的杰作，都是每一个时代独特的思维方式、概念、审美观的反映。企图重现昔日的辉煌，而用现代技术堆砌出旧形制，根本是毫无生机的幻影，是"假"与"真"的杂糅。1976年联合国教科文组织通过的《内罗毕建议》中也表达了同样的思想，"历史街区及周边环境应得到积极的保护，使之免受各种损坏，特别是由于不适合的利用、不必的添建。""任何修复工程的进行都应以科学原则为基础，同时，也应注意到组成建筑群的自身特征，以及各个部分之间的联系，和在此中所产生的和谐和美感（郑育林，2014）。"

从以上可以看出,在城市更新中,做到恢复历史风貌的同时必须满足"最

图 3-5 雷峰塔的重建遵循了可识别性原则
（图片来源：http://www.chla.com.cn/htm/2013/1029/189269.html）

小干预"和"可识别性"的原则（图 3-5），最大限度地保留历史信息，确保更真实、完整地传承多年积累的历史价值。

3.4.5 文化多样性的理念

文化多样性即在文化遗产保护和利用的过程中，要充分认知文化遗产的突出普遍价值属性，不能简单依照一种模式进行保护和利用的理念。

1992 年，世界环境与发展大会中，借用"生物多样性"，首次提出"文化多样性"的理念。1994 年《奈良真实性文件》中，着重强调了人们应该对文化多样性给予极大的尊重，"文化遗产价值和信息来源的评价标准可能因文化而有所差异，甚至同一文化内也存在差异，出于对所有文化的尊重，必须将文化遗产放在它所处的文化背景中考虑和评价。"1995 年联合国教科文组织出版的《我们的文化多样性》报告指出："文化多样性一如生态多样性客观存在，表明人类创造力的无限延展，它的美学价值通过多种途径得以体现，并不断激发新的创造。"2001 年联合国教科文组织通过了《文化多样性宣言》，强调在经济全球化的过程中，尊重、维持文化多样性对全人类生存与发展的重要意义。

文化的遗产多样性，如同生物的多样性一样，是丰富而现实存在的，对于它的认知一定要怀着尊重的心态，不能简单地用已有的评价体系，主观臆断地对其价值进行评述，更不能以自己的好恶，改变或影响它们的存在形式，而是需要人们通过不断的文化交流理解各个文化产生、形成和发展的过程，并给予充分的保护，通过跨区域、跨民族、跨国界的形式广泛合作，才有可能延缓各种文化现象的消失，才能使当代文化丰富多彩。对于能够反映文化多样性的建筑、城镇景观的创造，必须以遗产真实性、完整性为基本出发点，注重地域特色和场所精神的保护与传承。

3.4.6 文化资本理论

提到文化的经济作用，不能不提到法国社会学大师布尔迪厄（Pierre Bourdi-eu）的文化资本理论。布尔迪厄所说的"资本"不同于经济学家的资本概念，在他看来，资本是一种积累起来的劳动（以物化的形式或具体的、肉身化的形式），可分为经济资本、社会资本和文化资本三种。布尔迪厄批评古典经济学的资本概念只关注经济资本，而忽略了社会资本和文化资本这两种重要的资本形式。经济资本是最有效、最直接的资本形式，它可以通过各种方式传递给下一代。而社会资本和文化资本虽然不如经济资本那样具有可触摸性，但是在社会支配与社会关系的再生产方面同样十分重要，两者同样可以转化为经济资本。布尔迪厄的文化资本理论从社会经济学的角度对文化做出了全新的透视，指出文化就像是一种资本，可以成为一种获得的工具，为不同群体之间的竞争提供一种有效的手段（黄鹤，2010）。

对城市而言，同样也存在城市文化资本，它是通过城市长期积累起来的生活方式、空间特征、人文精神的汇集，例如历史建筑、艺术瑰宝、城市的建筑特色和空间布局等都构成了城市的文化资本。在日趋激烈的城市竞争和城市营销中，这些城市文化资本同城市的经济发展一样，都是城市的财富之源。

3.4.7 创意资本理论和创意地理理论

由于劳动力密集型的产业被转移或人工操作被精密仪器所取代，创造力和革新成为当代经济成功的基准。因此在当代,区域经济的驱动力之一为创意人群。创意资本理论认为,"人的创造力是经济发展的根源",积极向上的艺术团体带来的各种艺术和文化的创意活动可以吸引新的产业和商业业务,提供新的就业岗位,提高就业率,增强居民和企业对本地的忠诚度。这些创意人群更加青睐文化多样、能以宽容和开放的态度对待新思潮的地方。可以概括为 3 "T" ——Technology, Talent, Tolerance, 即科技(技术革新与高科技的聚集)、人才(博士以上学历)、包容(开放的、无隔离的、不同的种族、不同的生活方式),满足这 3 "T" 的地方才是真正的文化创意地点。因此该策略要求城市必须保留和加强其多功能性、历史街区建设、文化及娱乐性活动以及民族的多样性来都聚集对新经济体有吸引力的人群(Glaeser, 2003)。城市更新中,营造富有特色地方文化感的历史场景、艺术街区,将吸引更多的参观者、消费者、投资者,增强地区经济活力,同时吸引创意阶层居住及从事艺术创作,进而形成文化创意集群及产业链,保持该地区持久的经济活力。

3.4.8 创意城市理论

后工业时代,为了寻求能弥补工业生产领域和服务部门就业损失的策略,城市、区域甚至国家政府受到关于创意城市和文化产业的学术讨论启发,将创意经济视为公共政策的新领域。创意城市不仅成为城市发展竞相追捧的新范式,也开始成为调动全球不同地区城市发展激情的新运动。在创意城市研究中,三个重要理念引发了大范围的讨论,即创意阶层(Creative Class)、创意环境(Creative Milieu)和创意场(Creative Field)。整体而言,这三者共同注释了城市之所以具有创意的核心要素——人、环境和制度,正是它们之间的支撑和互动孕育出了旨在推动城市经济、文化、技术、空间等高品质发展的城市创意。

(1)创意阶层

佛罗里达(Richard Florida)2002 年首次提出"创意阶层",开创了创意城市研究的"佛罗里达学派"(Floridian School)。他将其定义为:"对于创意的经济需求由一个全新阶层的兴起显示出来,我叫它创意阶层。美国人中大约有3800万,也就是30%的就业人口属于这一阶层。我把创意阶层的核心界定为以下领域的人员:科学与工程、建筑与设计、教育、艺术、音乐与娱乐……创意阶层还包括了围绕核心的更广泛的创意专业人士群体,分布在商业与金融、法律、医疗保健等相关领域……此外,创意阶层的所有成员,无论他们是艺术家还是工程师,音乐家还是计算机专家,作家还是企业家,都拥有一种共同的创意特质,就是重视创新、个性、差异和价值。"事实上,创意群体的跨度很大,既包括相对贫穷的艺术团体、低收入音乐家或演员等所谓"无产阶级",也包括相对富裕的设计师和软件、游戏等行业中的创意个体。城市中,这些创意群体在经济和社会上的极化现象相当明显,但他们之间的网络是高度内部联系和链接着的(唐燕等,2013)。

(2)创意环境

"创意城市"概念之父查尔斯·兰德利(Charles Landry)在其明星著作中提出了"创意环境"理论:"创意环境是一个场所在'硬性'和'软性'基础设施方面(Creative Infrastructure)催生构思和发明所要拥有的必要先决条件。它可以是一个建筑组团、城市的一部分、一整座城市或者一个区域。它是这样的物质环境:为大量的企业家、知识分子、社会活动家、艺术家、管理者、政治家或学生提供一个思想开放的、世界性的环境。在那里,面对面的互动交流创造出新的构思、艺术品、产品、服务和机构,并因此带来经济效益。"在兰德利看来,美国硅谷和巴尔的摩港口区的艺术和创意产业集聚区提供了典型的"创意环境",既包括丰富的建筑空间、道路设施、科研和教育机构、艺术机构、文化设施等硬件,也涵盖了创新人才、管理者、开放的交流平台、独特的城市气质、创新的文化氛围等软件。

(3)创意场

艾伦·斯科特(Allen Scott)在前两者的基础上探索了培育创意的系统性组织需求,并称之为"创意场"。"创意场"是产业综合体系内促进学习和创新效应的结构，或一组促进和引导个人进行创造性表达的社会关系。这种"社会组织结构/关系"，或者更加简单地说这种"制度"，既反映为不同决策和行为单位之间的互动交流，也反映为基础设施和社会间接资本（如学校、研究机构、设计中心等）的服务能力，是社会文化、惯例和制度在生产和工作的集聚结构中的一种表达。创意场是一种空间与制度在地理上呈现的网络系统，包含了创意培育与创意产出之间的交互过程，其系统的完整性将影响到城市的创新能力。"创意场"有三个圈层：第一圈层是城市文化经济的网络，又细分为文化经济部门、文化经济补充性活动、地方劳动力市场结构三个层次；第二圈层是更加广阔的城市环境，包括传统习俗传承的记忆空间（如博物馆）、视觉景观（都市意向）、文化与休闲设施、适宜居住的生活环境、教育与培训机会、社交网络六个组成部分；第三圈层是城市管理制度和群众参与的支撑，经济部门、景观环境与管理制度的匹配程度决定了城市的"创意"表现（唐燕，2016）。

3.4.9 经营城市理念

经营城市是指以城市政府为主导的多元经营主体，根据城市功能对城市环境的要求，运用市场经济手段，对以公共资源为主体的各种可经营资源进行资本化的市场运作，以实现这些资源资本在容量、结构、秩序和功能上的最大化与最优化，最终建立符合市场经济要求的城市建设投资新体制，从而实现城市建设投入和产出的良性循环、城市功能的提升及促进城市社会、经济、环境的和谐可持续发展。

经济全球化的国际大背景下，城市竞争加剧，迫于城市建设资金的短缺，城市经营的理念以及创建经营城市的新体制给城市发展带来新的机遇。在市场经济条件下，社会公共产品的商品性越来越明显，它在满足全社会成员的生产和生活需要的同时，又使级差地租不断地增加，增强区域内各经济要素的效益指数，形成新的经济活跃区。这就为投资方式从过去的单一化政府出资向多元化出资提供了有利条件。1971年时任日本神户市长的宫崎辰雄，在其《城市的经营》一书中，以神户市的城市经营为例，提出政府应该是"专门出售公共服务的公司，推行公共事业，有效利用公债、活跃外围组织"。政府主导、市场化运作的模式要求政府站在社会经济发展规律的基础上，制定整体规划，保证全体社区成员的共同利益和长远利益，从而防止市场竞争可能带来的负面效应；同时又动员各种社会力量以不同形式和方式来积极参与，逐步形成城市及其基础设施社会化建设和使用的新机制。

城市更新需要大量资金和知识技术，同时，城市的文化资本是转化为城市经济资本的重要财富，城市的文化特色和城市形象构成了城市在激烈的全球竞争中进行城市营销的资本。以经营城市理念吸引多方参与，对城市传统文化资产进行合理的"资本积累、良性经营"，搭建一个从中观统筹的地域文化资本挖掘与认定，到微观实施地域文化资本激活与复兴的经营框架，是共同推进旧城更新落地实施和促进传统文化的保护、传承与发展的重要手段。

3.4.10　城市治理理论

治理（Governance）是1990年代在西方公共管理领域迅速兴起的一个概念。与传统的以控制和命令手段为主、由国家分配资源的管理方式不同，治理鼓励通过多种社会集团的对话、协调、合作，最大限度地调动资源，以此来弥补市场自由交换和政府自上而下调控的不足，并最终达到"多赢"的社会发展目标（张京祥，等，2014）。

有关治理的概念有多种定义，其中被相对较为广泛认同的是全球治理委员会1995年发表的题为《我们的全球伙伴关系》的研究报告中的定义。这份报告对治理作出了如下界定："治理是各种公共的或私人的个人和机构管理其共同事务的诸多方式的总和。它是使相互冲突的或不同的利益得以调和并且采取联合行动的持续的过程。这既包括有权迫使人们服从的正式制度和规则，也包括各种人们同意或以为符合其利益的非正式的制度安排。它有4个特征：治理不是一整套规则，也不是一种活动，而是一个过程；治理过程的基础不是控制，而是协调；治理既涉及公共部门，也包括私人部门；治理不是一种正式的制度，而是持续的互动。"

城市更新中，存量空间资源的利用与物权广泛联系，涉及公共产品的资源分配，又因其实施机制的复杂性，必须协调好政府、市场与公众三者之间的权益。这些充分体现了当前城市规划面临的转型背景和特征，即从计划经济思维下的资源配置转向空间治理的过程。

3.4.11 社区营造理论

社区营造的理念是基于居民过去的共同文化传统和未来的理想与愿景，以建立社区意识，增加社区居民的参与，促进居民与环境的互动，并以社区教育的力量，营造社区特有文化，提升社区的生活环境。社区营造概念的首次提出是在日本，根据社区营造专家宫崎清教授的主张，社区营造的理念可以分为5个部分：居民全体参与、地方文化再检讨、人与自然共生、相互扶助的情谊、社区资源的价值创新与宣扬。在日本，社区营造的内涵已经远远突破了社区本身，影响力深远。小到建筑局部或路面细节，大到城市规划的层面，均是社区营造的对象。

我国台湾的"社区营造"主要受到日本的影响，于1994年提出"社区总体营造"的概念，逐渐发展成为台湾近年来最具突破性的文化政策。

国内学者赵民基于我国引入社区概念及其涵义的变化，提出以和谐社会建设为导向的"社区营造"内涵，强调街区及其居民要形成一个有富有人文情怀、具有地域认同的"大家庭"。其核心内涵包括以下三个方面：相对固定的地理范围与适宜的物质环境、行动能力以及相互平衡的社会体系。在当前中国社会经济转型和市场配置资源的模式背景下，社区已经开始成为一个独立的功能载体，承担部分市场盈利机构和政府行政部门不能提供的社会性功能。通过社区营造的推进，形成一个政府与民间的衔接平台，有效整合"自下而上"和"自上而下"的两种力量，推动改革的顺利进行，形成市场、政府和社会的良性循环。社区营造不仅囊括了社区基础设施的提升、居住条件的改善、公共空间的塑造、地域产业的再生，是丰富内涵的集合体，还应当通过地域文化来塑造人，通过激发地区人民的地域文化自豪感，塑造"心之所在"的故乡（于健，2016）。

　　旧城更新中城市魅力的再生，除了通过政府大规模投入建设来实现，更需要在社区层面通过城市中的"人"的参与来实现魅力的文化维度的建设。日本学者西村幸夫在其著作《再造魅力故乡》中指出，"人们出于对地方的热爱发起了'社区魅力再造运动'，地方魅力培育出当地人的热爱，人们的热爱也让地方的魅力具体成形。"不难看出，城市可持续的魅力再生依托于社区层面的实践，也基于社区营造自下而上的动力来实现。

第 4 章 文化导向型旧城再生的主要模式

4.1 文化导向型旧城再生的影响因素

4.1.1 文化资源等级和开发潜力

包括文化资源的价值、吸引力和产业化开发潜力。并不是所有城市都具备历史文化遗产资源。有些城市是利用当地自身具备的历史文化，有些是根据发展需要打造适合的文化品牌；有些文化资源价值大，有些文化内涵简单或单一、吸引力小、产业化开发潜力小。文化资源内涵丰富，可产业化开发潜力大，有利于确定和优化发展主导型文化产业，也有利于相关产业的集聚和协调发展。文化资源本身的吸引力包括三方面内容：一是历史文化故事吸引力，二是休闲景观吸引力，三是产业化开发的产品及服务的吸引力。遗产本身富有吸引力，则集聚的人会越来越多，该区域吃、住、游、购、娱的市场购买力就会提高，需求增加，有利于相关服务业的集聚和优化发展。

4.1.2 区位

区位条件是指与城市地理空间位置有关的、影响城市文化产业集群经济活动地理空间组织的因素，主要包括交通区位、市场区位等。区位优势是人气旺盛的重要地理环境条件和保障条件。交通运输条件和基础设施建设直接关系到可达性和可进入性，是发展的重要前提；而交通闭塞、道路设施落后、在途时间成本高，则是资源开发利用的直接障碍。在现代市场经济条件下，市场规模直接影响到经济活动的持续以及经济合理性，经济活动无论是生产活动还是服务活动都要求达到一定规模，这一规模也就是所谓的需求门槛。需求拉动效应可以促进文化产业集群的发展，尤其对于文化旅游类项目，消费市场的远近直接关系到游客数量。大城市及其周边区域有庞大的消费市场和强大的消费需求，因而区位在都市圈范围内的城市再生项目更容易取得经济上的成功。

4.1.3 地租等要素价格

地租是土地所有者凭借土地所有权从土地使用者那里获得的报酬。马克思认为地租是土地所有权的实现形式，一切形式的地租，都是土地所有权在经济上实现自己、增值自己的形式。地租地价规律是政府调整和实现城市更新和旧街区改造的一个重要尺度。在旧街区改造过程中，地租价格直接影响到旧街区入驻者的切身利益。旧城更新初期，大部分是衰落废弃的旧建筑或街区，存在大量可获得的价格便宜的工作空间，租金较低，能够吸引大批的入驻者，尤其是艺术家和创意型人才，旧街区随着艺术家和创意型人才等入驻者的进入而逐渐增值，旧街区改造得以快速推进，但在旧街区成功再生的过程中，房租不断提高，并呈现快速上升趋势。一些处于上升期的艺术家和创意型人才迫于经济压力，更倾向于寻求价格便宜的工作空间，导致大部分艺术家被迫离开。艺术家的工作和理念提高了这个场所的价值和知名度，虽然出租方想把这个地方建成一个文化艺术社区，扩大规模，但是这种扩大又反过来威胁着艺术家的生存空间。另外，地租的增加会直接导致经营商经营成本的增加，直接导致消费者的消费支出增加，影响消费者的购买能力和积极性，造成经营商利润的降低，对旧街区再生的持续性造成负面影响。

4.1.4　人才智力与创意研发资源

创造性转化、创新性发展是文化资源活化利用的基本路径，特色文化产业集群是文化资源得到可持续性有效保护与利用的根本保障。在激烈的市场竞争环境下，特色来源于创意和创新，创意和创新又是研发的结果，所以，保护与利用文化资源的创新研发能力是推动文化产业集群发展的根本动力，如何集聚创意人才、培养和引进一批优秀的管理人才和技术人才是文化导向型旧城再生顺利发展的关键。创意研发水平、服务技术进步对文化产业集群发展有非常重要的影响，知识、智力、艺术以及技术因素是影响文化资源保护、展示与产业化开发利用、现代产业升级和空间布局的重要因素。创新研发能力和水平通常取决于创意机构、文艺机构、研究机构及研究人员的层次、研究项目的档次及其数量、文创产品开发的质量及其数量、创新研发管理制度等。具体表现为艺术家、创意工作者的集聚，周边文化艺术类院校及剧场资源，支持艺术家和创意创业者本地发展的自由环境和活跃氛围等。

4.1.5 人口—劳动力资源

劳动力资源是城市建设、经济发展的人力基础。区域范围内人口素质高，将有利于城市更新和文化产业集群的发展。其中人口构成是人口素质的表现形式之一，主要包括人口的自然构成和社会构成。人口的各种构成对文化产业定位都有一定的影响。研究表明，对艺术活动宽容度高的活跃社区更有利于旧城文化创意产业集群的形成和发展。例如一些旧城内以本地居民为主，对当地历史文化了解且自豪，并善于经营文化旅游相关业态，公众参与度较高，则有利于文化项目和文化活动的实施。反之，有些衰败的旧城内以老年人和外地务工人口为主，人口素质和层次偏低，与人口构成相对应的生活性服务业也处于低端水平，就会造成历史文化传承薄弱、无文化氛围，且缺少支撑文化创意、文化旅游产业发展的劳动力资源和产业发展环境。

4.1.6 认知、理念与目标

意识决定行为，行为决定结果，政府及民众的思想认识和理念，对于城市更新的方向、过程和结果起到至关重要的作用。观念的差距成为制约城市更新与文化资源转化的最大瓶颈。在当前旧城改造热潮中普遍暴露出的许多问题，尽管表现的形式各种各样，但究其根本，显然大都涉及城市改造更新的目标和价值取向，例如过于强调更新的景观目的、形式意义和经济效益，而对于城市功能的整体改进与文化价值普遍关注不够。旧区再生涉及多方的利益相关者，作为公共政策的价值取向就更加重要了，必须得到全面、审慎的考虑。观念意识和价值取向会决定我们最终选择怎样的城市更新策略，并以何种方式将其贯彻、实施。

4.1.7 政策及政府行为

城市的更新与再生关乎城市空间规划组织以及建筑和社会福利的完善

过程，属于政府职能范畴，同时，城市文化资源属于公共资源范畴，因此政府行为是城市再生项目重要的动力因素。旧城所在地的政府，在保护与利用问题上，往往既是管理者，又是项目实施者与利益主体，要行使发展规划、政策制定与执行实施以及日常行政管理职能，因此政府的作用、职责，以及采取的策略与方针等，对旧城的优化发展具有重要的推动力和影响力。政策及政府行为有宏观、中观和微观之分。宏观政策和政府行为是指中央政府层面的政策和政府行为，对城市再生和文化产业发展目标定位起到方向性和纲领性指导作用，如党的十九大报告中强调要加强文物保护利用和文化遗产保护传承，习总书记在中央城市工作会议中指出"要保护弘扬中华优秀传统文化，延续城市历史文脉，保护好前人留下的文化遗产。要结合自己的历史传承、区域文化、时代要求，打造自己的城市精神"。这就为旧城再生中文化资源的创新发展指明了方向，提供了政策支持保障。中观政策和政府行为是指省、市、县（区）地方政府层面的政策和政府行为，对发展目标及产业的特色定位起到地方特色统筹安排和优化布局的作用。同时，在文化项目实施和后续发展过程中，地方政府用于提供支撑性基础设施和发展机会（教育和培训设施、发行或展览）的基本公共投资将直接影响旧城文化产业的可持续发展。

4.1.8 资金

资金是旧城再生的重要物质基础，旧城更新与再生需要大量的资金。目前，城市更新与再生的资金渠道主要有四种。一是来自土地储备后的财政资金；二是来自毛地开发资金；三是区企联合出资进行开发；四是通过政府债券形式参与城市更新。吸引社会资本参与，是为城市更新注入活水的方式。大规模的改造项目一次性投资大，资金的周转时间长，容易受到宏观经济形势的冲击。传统的旧城改造模式是由政府投入大量的人力、物力和财力推动旧城改造项目，而在政府财政投入不足的情况下，则由政府指令银行为旧城改造项目提供贷款。但随着政府职能的转变以及城市土地价格的提升，仅仅依靠政府的财政投入和银行贷款显然是不现实的，单靠财政和专项资金投入远远不能满足需求，资金问题如何解决也成为关键问题之一，资金是否充足直接影响城市再生的进程和可持续性。

4.1.9 实施主体

城市更新与再生不仅承载着城市历史文明的延续与发展，还集中体现城市社会各阶层利益的矛盾与冲突。其内在动力机制是政府、居民、创意群体、游客、商户等不同行为主体在不同发展时期的需求、选择、反馈的效果叠加。旧城再生要求政府和市场之间建立一种基于共识、协作互信、持久的战略伙伴关系，要营造公共—私营合作关系的良好氛围。优良的城市再生实施机制需要有企业参与，需要有创新团队研发，大型开发运营商、科研院所和具有经济实力的金融组织积极参与。这些组织的参与是旧城再生的关键拉动力，这些组织的企业数量、投资规模、参与行业和参与方式等在很大程度上影响到旧城再生的实施效果。

4.2 文化导向型旧城再生的三种模式

文化导向型旧城再生的浪潮已通过政策知识的扩散在各国蔓延，不同旧城地区以文化为引擎的旧城再生项目有不同的发展策略。本研究根据出现时间、发展目标、项目规模、地理区位、实施机制等影响因素把旧城再生的文化策略概括为三种模式：旗舰型、创意型和社区型（表4-1）。旗舰型策略通过建设大型旗舰项目，重塑地方吸引力，带动当地经济社会再发展；创意型策略起初是创意人才的自发集聚，随后通过提高生活和娱乐设施的质量来吸引创意阶层，从而促进创意产业发展；社区型策略则是通过一系列更为草根、基于邻里的方法，直接回应当地社区居民的需要和扶持当地艺术团体，继而推动旧城的再生。国外学者发现文化导向型旧城再生的实施重点正由较大规模的旗舰项目，日益转为小型的以社会研究为基础的、以社区为依托的文化艺术项目（Evans，2005）。

文化导向型旧城再生策略一览表　　　表4-1

策略类型	出现时间	理念目标	实施机制	项目类型及规模	地理区位	目标人群
旗舰型	1970年代后期至1980年代初期	以文化旅游业为先导实现经济增长	公私合作伙伴关系，提升城市形象以进行城市营销	大型旗舰项目、大型文化事件、大型文化产业园区	市中心	游客、高收入人群
创意型	1980年代	通过文化创意产业实现经济社会发展	以艺术家与私营部门的合作、生活设施建设、生活质量提升来吸引创意阶层入驻	小型艺术区和休闲娱乐区、酒吧、画廊等	市中心和旧城	白领和知识分子、潜在的和现有的居民
社区型	1990年代	通过文化艺术促进社区综合发展	鼓励公众参与，支持居民教育培训、艺术活动，发展特色产业，开展当地文化产品生产	小型社区艺术中心、社区文化中心、艺术教育项目	内城社区、旧城、服务欠缺的社区	基础服务欠缺的社区居民

4.2.1 旗舰型策略

旗舰型策略萌芽于1970年代后期至1980年代初期，公私合作投资组织对旧城进行风险投资，从营造历史主题的零售业空间，迸发为大型文化旗舰项目。基于城市形象对于吸引游客及投资的重要性，大型文化项目成为重塑旧工业形象、加强城市品牌和竞争力的重要途径。这些文化设施一般坐落于城市中心地区，成为城市焦点。

实施过程中，政府将城市定位为"旅游目的地"来进行营销，通过创造有吸引力的投资环境，例如减免税费、无偿提供土地或者土地价格优惠、宽松的地区政策，与不动产商共同组成艺术成长联盟，并致力于一些大型设施和项目，例如举办大型庆典活动、国际文化艺术活动、规划文化专区，来刺激私人投资。在建设过程中不断优化城市环境以提升城市在旅游、文化、信息等新兴产业部门中的竞争力。

旗舰型项目一般包括体现现代艺术或高科技成果的城市新地标的建造，国际性的重大艺术、文化类节庆和体育类赛事，或展会活动推动下的标志性场馆重建，大型文化产业园区以及其他挖掘城市文化底蕴和历史内涵的大型活动等。

由于旗舰项目对社会目标重视不够，所以存在不少争议。支持者认为这种文化策略有着巨大的经济前景，但是反对者谴责它仅带动了周边不动产开发，未真正有助于社区文化发展。有学者批判它过于强调吸引游客，也会错过一些没有直接经济利益但对社区发展十分重要的投资项目（Grodach and Loukaitou-Sideris，2007）。而且文化设施、文化活动以刺激文化消费、吸引旅游为目的，倚重旅游季节、游客量等外在因素，内生动力不够。

4.2.2 创意型策略

随着福特主义的批量生产黄金时代的远去和创意文化为基础的生产新时代的到来，创意型策略也应运而生。它通过生活质量的提升和生活方式的愉悦来吸引创意人群，如受过良好教育的工人和"知识型人才"，其中知识型人才涵盖软件设计师、建筑师、艺术家、作家、律师等行业（Florida，2002）。创意阶层人士对于吸引新兴经济部门投资及刺激本地消费经济都是必不可少的。

这一策略的理论支持包括创意资本理论和创意地理理论（Florida，2002）。与旗舰型策略重视大型娱乐景点和文化设施建设有所区别，创意型策略更加注重小规模的文化活动，表现为小型音乐集会与艺术表演场地、艺术画廊和酒吧（Florida，2002）。文化活动提供了消费、娱乐和加强创意阶层身份认同的途径。此外还可通过寻求艺术团体与商业合作的机会来培育艺术的经济潜力（Bulick，Coletta，et al.2003）。

这种策略也存在争议，支持者认为它能形成文化创意集群及产业链，可以通过"涓滴效应"惠及为创意阶层服务的低收入人群，但是批判者认为它的服务目标人群比较单一，更多地关注创意阶层的利益而并不是整个公众的利益，导致倾向性的经济发展。这种策略实施下的部分案例获得了文化、经济、社会的综合效益，而另一部分案例因导致绅士化现象和当地低收入人群迁出问题而受到批评（Grodach and Loukaitou-Sideris，2007）。

4.2.3 社区型策略

社区型策略出现于1990年代以后，它的产生植根于公民权利和女权运动。被排斥的弱势群体不仅仅向主流文化机构提出诉求，也自发成立了他们自己的处理社区问题的组织。

社区型策略并不通过涓滴效应，而是在社会利益分配上直接关注全体居民的公共利益，这种策略不以经济增长作为成功的标准，而关注于减小经济和社会的不平等，通过再分配政策和鼓励公众参与来提高社区整体生活水平。

这种策略通过环境影响税、提供保障性住房、公共交通建设等途径来与私人部门谈判以维护公共利益；通过扩大艺术活动的参与机会、支持本地文化产品的生产和利用文化艺术加强身份认同来振兴衰败社区。政府开展各种项目来资助艺术教育，提高居民解决问题的能力；变空置地为社区文化中心等来激发社区对于本地遗产和文化的兴趣。这样的社区艺术空间包括洛杉矶 Barnsdall 艺术公园、芝加哥的邻里艺术组织小黑珍珠工作室及奥克兰东区艺术联盟等。

社区型策略进一步扩大了分享文化大餐的群体，有利于保护弱势群体的利益，对于减少社会不平等有着十分重要的意义，但是在实施过程往往存在结构性的限制。由于资本主义经济中私营部门在发展决策上占上风，社会福利相关的强制性政策或收费会导致私人投资转移到投资成本更低的地区，而政府的税收来源对于商业企业的入驻有最基本的需求，因此这些致力于保护公众利益的政策往往在商业机构和政府达成协议的情况下才能实现（Grodach and Loukaitou-Sideris，2007）。

4.3　三种模式的适用条件

旗舰型文化项目规模较大，主要由政府、开发商共同实施，私营企业、社会机构等配合参与，受游客量、旅游季节影响，偏重外源动力，需要大量现代文化消费需求的支持。旗舰型策略对城市空间改变较多，用地权属需要以公有为主，用地类型以商业用地为主。创意型策略较缓和，融入现代创意产业元素，参与主体较多元，包括创意阶层、政府、开发商、商户、居民等,需要有多元宽松的文化环境以吸引创意阶层入驻。社区型策略更注重深挖本地文化传统,根植于邻里,更注重社会及文化效益,以自下而上的内生动力为主,依靠社区多元主体的积极参与,实施主体和利益主体更加多元(表4-2)。

文化导向型旧城再生策略的影响因素归纳表　　表4-2

策略类型	实施主体	动力机制	利益主体	用地权属	用地类型	适用地区
旗舰型	政府、开发商、企业等多元主体	自上而下为主	政府、开发商、居民	公有为主	商业用地为主	城市商业中心区
创意型	政府、创意阶层、居民等多元主体	自上而下和自下而上相结合	创意阶层、政府、居民等	产权混合	工业、商业、居住等	旧工业区、历史街区等具有文化氛围的环境
社区型	居民、政府等多元主体	自下而上为主	居民、政府等	产权混合	居住用地为主	历史街区、旧居住小区

第5章 国内外案例研究与经验借鉴

5.1 旗舰型策略典型案例

5.1.1 西班牙毕尔巴鄂：旗舰项目与公私合作带来新生

（1）历史背景

毕尔巴鄂市始建于1300年，在西班牙称雄海上的年代成为重要的海港城市，是西班牙巴斯克地区社会经济发展的中心。19世纪下半叶依托铁矿资源发展重工业，城市进入发展的巅峰期，但城市形态沿河带状蔓延，工业污染严重。20世纪中叶以后毕尔巴鄂的工业开始衰落，以致逐渐沦为欧洲寂寂无闻的小城。1980年代末，毕尔巴鄂开始进行环境污染治理、棕地利用等更新改造，至1990年代，为实现城市现代化、多元化，提升竞争力的需求开始考虑通过大型文化设施和项目来实现城市形象的转变。

（2）项目概况

毕尔巴鄂滨海地区再生是整个都市再生计划中的一环，其间建设的古根海姆博物馆（图5-1）成为欧洲最著名的城市复兴旗舰项目之一。博物馆所带来的象征意义和触发效应，促使这座城市变身为高效城市和创意再开发的标志性典范，也是整合公共与私营部门行动的典型案例。

图 5-1　毕尔巴鄂古根海姆博物馆

（图片来源：https://baike.baidu.com/item/ 毕尔巴鄂古根海姆博物馆 /13589432）

(3）经验做法

毕尔巴鄂滨海地区再生的定位是建立一个新的文化区域。通过两个大型地标性建筑——古根海姆博物馆和 Euskalduna 会议表演艺术宫以及一处购物中心，来形成新的文化中心以取代旧的市级市场。这些项目起到城市品牌的作用，可以提供创新的商业环境以吸引流动资金。毕尔巴鄂的新形象帮助其成为先进服务机构优先选址的对象，尤其是银行业、保险业、高科技和专业电子商务。

随后，毕尔巴鄂发展出强大的服务业，使服务业成为刺激经济发展的基础。为此 1991 年成立了毕尔巴鄂 Metropoli 30（BM 30）联盟，由巴斯克政府、比斯开省级政府、毕尔巴鄂城市政府协同 19 家科研机构和私人企业共同建立。该联盟的目的是在毕尔巴鄂旧城再生过程中联合公共和私人的力量，作为发展的智库并且成为促进当地投资和开发建设的催化剂。联盟发展至今内部已有 130 多家会员，包括地区机构、商会、大学、大公司和私人机构。BM30 在 1992 年发布了《城市复兴计划》，并致力于用 PPP 模式推动城市再生，提出打造一个以服务业和新兴技术产业为经济增长点的后工业城市。并于 1999 年发布了《毕尔巴鄂 2010：发展战略回顾》，于 2011 年出版了最新报告《毕尔巴鄂大都市区 2030 发展战略回顾与展望》，主题是"专业化时代"。1992 年 12 月，西班牙中央政府连同巴斯克地区主管部门同意创建 "Bilbao Ria 2000"（BR2000）——一家城市开发公司。其建设之初由西班牙中央政府、巴斯克区域政府和欧盟三方出资筹备运营。该机构是可使用公共资源的私营公司，在毕尔巴鄂都市圈内实施一系列市区重建行动（Gomez, 1998）。

一系列文化设施在 BR2000 的引导下开始在该地区投资建设，包括会议中心、音乐厅、雕塑公园等。一些市场性的文化商业项目也落户或迁移至周边地区。据统计，古根海姆博物馆建成后，商业画廊、艺术品拍卖行等文化消费空间在 4 个街区范围内集聚。古根海姆博物馆项目的成功运营带动了区域文化服务及艺术品消费市场，推动形成了新的城市文化产业格局，并呈现出专业化分工：古根海姆博物馆所在区域侧重于城市的商业性艺术发展并主要聚焦于艺术品消费；而老城成为毕尔巴鄂先锋派艺术领域的集中地，更多地侧重于艺术品生产（唐燕，等，2013）。

同时，精心规划建设城市风貌。从古根海姆博物馆周边开始城市游览，有轨电车饱满流线型的车头、宽敞整洁的车身，配以翠绿、浅灰与黑色的明快色彩搭配，在草地上穿梭来往，传达着现代而富生机的城市信息；河岸公园里喷泉、雕塑、灯饰、游戏设施，甚至座椅、河岸的木制步道等，都经过精心规划布置，让人体会到城市的细节被重视，与鳞次栉比的不同时期、不同样式的建筑，共同构筑了一条多姿多彩的水岸风景线。

（4）实施效果

古根海姆博物馆在1997年正式启用，主要展出毕加索、塞尚等艺术大师的作品。第一年仅博物馆的门票收入就占当年全市财政总收入的4%。博物馆带动了当地的经济发展，使毕尔巴鄂焕然新生。

经过近30年的更新改造，毕尔巴鄂成功遏制住经济衰退的局势，城市居民失业状况也有所改善，虽然失业率在2008年金融海啸后又有所回升，但仍低于西班牙全国平均水平。居民就业结构也有所改善，截至2015年第一季度，毕尔巴鄂制造业就业人口比例已低于8.5%，在文化项目的带动下，服务业成为最核心的就业门类。毕尔巴鄂成功地由一座破旧落后的工业城市转变成一座知识经济时代的活力城市，这一系列的转变纵然是以古根海姆博物馆的建设运营为开端，但更重要的是政府运用城市经济、社会、空间的全方位的优化转型，以公私合营的方式制定发展战略、控制和引导项目实施（张辛悦，2015）。

5.1.2 墨西哥瓜纳华托：从银矿产区到文化立城

（1）项目概况

瓜纳华托是墨西哥的一个群山环绕的西班牙殖民城市。这座小城始建于16世纪，曾是著名的银矿产区。如今虽然银矿几乎被开采一空，而当年城里的殖民建筑却被完好地保留了下来。刚进入这座小城便会被绚丽多彩的建筑所打动，仿佛是梵高笔下灿烂缤纷的画作。漫山遍野的彩色房子，错落有致地排列开来。各种色彩相互交融，粉色、蓝色、橙色、绿色，像是一场颜色盛宴。

（2）经验做法

瓜纳华托得以出名在很大程度上得益于每年在这里举办的塞万提斯国际艺术节。1973年，在时任墨西哥总统埃切维利亚的倡议下，瓜纳华托开始选择以文化立城，首届塞万提斯国际艺术节在此举办。通过40多年举办塞万提斯国际艺术节的经验积累，瓜纳华托拥有良好的硬件设施：24座博物馆，7座剧院，城市的广场、街道也都是表演的天然舞台。而在这些艺术表演或者文化活动中，80%都是免费的。

除塞万提斯国际艺术节外，瓜纳华托基本每个月都会举办各种艺术活动。这些艺术活动有很大一部分是私人或社会团体组织的活动，而瓜纳华托则为其提供了表演的平台。每年前来瓜纳华托参观的游客中，有一部分是为了欣赏当地建筑和了解相关历史，还有很大一部分是被其丰富的文化资源所吸引。

借助各种文化活动，瓜纳华托吸引了大量游客，为古城保护提供了丰富的财源，而这些资金为保护当地固有文化也创造了条件，例如修建历史博物馆、民俗文化博物馆等。塞万提斯国际艺术节每年也都会邀请墨西哥的一个州作为主宾州，在艺术节上展现其文化。这些艺术活动的举办不仅没有给当地文化带来冲击，反而促进了新兴文化和传统文化的融合。

（3）实施效果

墨西哥全国建筑师和建筑修复学校教授劳尔·涅托表示，瓜纳华托如果单纯靠殖民时期的建筑吸引游客，很多人看过一次就不会再来了，但自从艺术节在此举办后，每年都吸引了大量艺术爱好者和游客，从而实现了旅游的可持续发展。

5.1.3 法国阿维尼翁：由戏剧节带来的复苏与发展

（1）项目概况

法国南部的小城阿维尼翁无疑是全世界戏剧人的圣地，每年7月在这里举办的戏剧节是当今世界范围内最受关注的戏剧节之一。阿维尼翁自古就是"圣地",早在中世纪就成为与拜占庭齐名的宗教中心,先后有 11 位教皇在此居住,其间建造了无数大大小小、形态各异的教堂,阿维尼翁因此而被称为"上帝之城"。二战后,刚从战争阴影中走出的法国正努力重建,创立戏剧节的宗旨就是为了推动法国文化艺术的复苏与发展,让高雅的戏剧艺术走出殿堂,走入民间(胡波,2016)。今天的阿维尼翁戏剧节已成为欧洲现代戏剧集中展示的大舞台。这个曾经戒律森严的古老城堡如今变成了全球艺术家的狂欢胜地,迎接着最自由的灵魂(图 5-2)。

(2)经验做法

阿维尼翁戏剧节由法国戏剧导演让·维拉尔于 1947 年创立,是法国最盛大的艺术节,艺术活动包括话剧、音乐会、舞蹈、音乐剧、歌剧、儿童剧、魔术、马戏、偶剧、展览及研讨会等。戏剧节分为"IN"和"OFF"两个单元。"IN"单元的演出是由法国官方出资邀请的,演出对象是经过组委会挑选和邀请的正式剧团,一般 IN 单元的演出质量都能保证,可以说它们是西方的主旋律作品,展示西方戏剧近几年的主导表演风格与模式。而边缘化的、颠覆的、先锋的、没有条条框框的"OFF"单元从 1966 年开始进一步丰富了戏剧节的内容,参与的都是来自世界各地自行出资和组建的剧团,由于剧目内容无限制,所以演出质量良莠不齐(颜永祺,2014)。

图 5-2　阿维尼翁戏剧节

(图片来源:https://www.faguowenhua.com/zh-hans/news/ 阿维尼翁戏剧节)

除了传统意义的艺术家们，在戏剧节上，还有各式各样令人咋舌、回味无穷的艺术表演。一些未被组委会正式邀请的剧团和个人也可以自行前来参加，并同样会受到戏剧节的热情接待。于是，开放的阿维尼翁挤满了来自全球的艺术爱好者，各类小剧场、露天广场、咖啡馆，甚至是街角的随意一块小空地上，都能看到他们的身影。艺术节期间，有100多处剧场、教堂、教室、礼堂、广场、餐馆、咖啡厅、酒吧、酒店大堂、车库、街角等场所同时上演着1000多部艺术作品、近两万余场演出的盛况；来自世界各地近30个国家的上万名演员、音乐家、舞蹈家、艺术家们聚集在同一个古城中，仅仅为了一个月的戏剧狂欢；在视线能及的范围内都铺满了花花绿绿的演出海报，奇装异服的艺术家们不分昼夜地在大街上载歌载舞、表演魔术，沿途分发演出传单。

（3）实施效果

阿维尼翁戏剧节总监奥利维耶·庞曾在一次访谈中透露："每年3个星期的戏剧节有50场官方剧目在超过20个场地公演，会卖出12万张门票，所有作品的上座率都在80%~90%。每张票的均价是20欧元，有四分之一的阿维尼翁人为戏剧节工作。政府每年的投入是100万欧元，但其回报是惊人的，每天的收入是200万~300万欧元。"说完这串数字奥利维耶·庞又及时补充，"文化产业的价值可以说这些年在飞涨，但文化绝不仅仅意味着创造价值，它存在的本身就是价值。"

5.2 创意型策略典型案例

5.2.1 日本横滨：从港口工业区到创意核心区

（1）项目概况

横滨地处日本四大工业区之一的京滨工业区的中心，拥有日本最大的港口，工业发达。由于经济泡沫破灭的重创，横滨开始了新的城市愿景规划，从2004年起将该市重塑为一个"艺术和文化的创意城市"。规划到2008年吸引近2000名艺术家和近15000名工人加入创意产业集群。

（2）经验做法

2004年横滨市政府开设了一个特殊的"创意城市横滨办公室"，在港口的一些区域建立了新的活动中心作为"创意核心区"。这些创意核心区利用众多历史建筑，如旧银行大楼、仓库以及空置办事处等作为公民艺术家和其他创造人才的创作新空间（图5-3）。

"Bank ART 1929"项目是这个愿景规划的开始，在两个非营利组织的指导下，负责组织相关一系列的展览、表演、工作坊、研讨会，以及其他活动，吸引来自东京和横滨的参与者。例如横滨的"Kogane Cho Bazaar"区域，是一个具有超过250家店铺的购物区，近年来由于地区经济的下滑不少商店倒闭。通过"Bank ART 1929"项目，艺术家们在该区域与当地企业展开合作，并以居民、大学生、艺术家和专家的共同参与为特色，利用大量破旧的空置商铺开展艺术活动，活跃该区域。

2007年7月，公、私机构代表及民间个人组成艺术委员会，以进一步支持和吸引艺术家和其他创意团体进驻该地区（Sasaki，2010）。其中名为"BankArt Studio NYK"的建筑原是位于湾岸地区的旧仓库，目前作为艺术家的作品发布会场地使用，不仅有学派和出版业，还设有咖啡厅、酒吧和商店等。保留港湾仓库时代风貌的混凝土构造的大厅经常被当作展览活动的

图5-3 横滨历史建筑红砖屋仓库已转为多功能用途
（图片来源：https://www.welcomeyokohama.com/cn/）

多功能厅使用,位于二楼和三楼的画廊展览充满了自由奔放的气息[①]。

(3)实施效果

随着规模不断扩大,该地区发展形成了创意走廊。截至2007年3月,创意走廊对地方经济的贡献在12亿日元左右。横滨利用艺术和文化固有的创造力达到衰退旧区再生的目的,也带来了文化政策、产业政策和社区发展的重构。同时这种艺术和文化的振兴还建设性地促进了非营利组织及公民参与政策的形成和管理。鉴于横滨利用文化创意推动城市再生的表率作用,2009年国际创意城市大会在横滨召开,主题为"创造力改变城市"[②]。

5.2.2 德国鲁尔:资源型城市成功转型的经典案例

(1)历史背景

鲁尔工业区位于德国西部、莱茵河下游支流鲁尔河与利珀河之间的地区,是德国也是世界范围内最重要的工业区之一,被称为"德国工业的心脏",煤炭开采、钢铁等重工业曾是这一地区的主导产业。通常将鲁尔煤管区规划协会所管辖的地区作为鲁尔区(Ruhr-gebiet)的地域界限,其面积4593平方公里,占全国面积的1.3%。区内人口和城市密集,人口达570万,占全国人口的9%。工厂、住宅和稠密的交通网交织在一起,形成连片的城市带,多特蒙德、埃森、杜伊斯堡、波鸿和盖尔森基兴是该区几个较大的城市。

从1950年代末至1960年代初,由于鲁尔区的煤炭开采成本较高,加之石油和核电等新能源开始逐步应用,全球对煤炭资源的需求量有所降低,鲁尔工业区的煤炭产业发展受到限制。1950年鲁尔采煤生产矿井有160多个,到1969年只剩60个,同期内煤矿职工由120万人下降到50万人。此外,钢铁企业逐步向欧洲以外的子公司转移,钢铁产量也逐步降低。煤矿和钢铁厂逐个关闭,1970年代末期,鲁尔工业区已全面进入了经济萎缩时期。同时,鲁尔区高强度的工业生产活动对环境造成了严重的污染和破坏。1961年,鲁尔工业区共有93座发电厂和82个炼钢高炉,每年向空气中排放150

---

① 资料来源:http://www.welcomeyokohama.com/cn/index.php.
② 资料来源:http://www.yaf.or.jp/creativecity/ccic/en_index.html.

万吨烟灰和 400 万吨二氧化硫,其中 60 万吨滞留在区域上空,导致鲁尔工业区形成厚重的雾霾。这里的空气污染严重到汽车无法通行,该地区居民呼吸道疾病发病率剧增,尤其是肺癌的发病率。高浓度二氧化硫的排放导致树木枯萎,酸雨频繁。鲁尔工业区的发展陷入了经济、社会、环境等多方面危机(张玥,2016)。

(2)项目概况

近半个世纪以来,经济结构转变、新技术发展和全球化使德国鲁尔区经受了严重的经济衰退。由于传统的经济发展策略未能实现预期目标,1989年启动建设了埃姆舍公园,成为鲁尔区经济发展的转折点(图 5-4)。为期十年的发展计划将鲁尔区的工业遗址转变为文化地标,将曾经关闭的工业区转变为文化创意区向公众开放,对重塑鲁尔区的形象起到了重要作用。使其作为一个文化的生产和消费实验室给世人留下了深刻的印象,许多文化项目吸引了新的旅游者,提升了文化消费,也提高了鲁尔区的宜居性。

(3)经验做法

①营造文化创意空间与文化形象。工业建构可以用于现代用途,并塑造区域特征与文化形象。许多老工业建筑、废弃的钢厂和煤矿转变为文化和知识街区,博物馆、剧院、音乐厅、文化创意产业及创新科技园均聚集

图 5-4　埃姆舍公园景观

(图片来源:https://blog.sina.com.cn/s/blog_6c2f08810102vpy0.html)

在大型的埃姆舍公园内。位于埃森市北部的德国最大的煤矿区矿业同盟工业建筑群（Zeche Zollverein）被重建为文化活动和产业中心，包括有博物馆、工作坊、创意产业、文化培训中心、活动空间等功能；波鸿市的钢铁厂被重建为音乐会和戏剧表演活动中心；杜伊斯堡内港被重建为集办公、文化娱乐和居住为一体的多功能中心；一个巨大的储藏罐被改建成瞭望塔和展览展示空间，1999~2014年，保加利亚籍美国艺术家克里斯托和他的妻子用这一构筑物举办了大型展览。这些项目均由知名的国际艺术家所创作。除了这些大型项目之外，鲁尔区很多地方的其他一些闲置工业建筑物也被转化成具有多种用途的新建筑，如办公室、工作坊、小型工业厂房、艺术家工作室等（唐燕，等，2016）。

②**举办国际文化创意活动。**创意活动在文化复兴项目实施过程中具有重要的作用，这在鲁尔区得到了证实。鲁尔区通过举办活动，将废弃的工业建构改为音乐剧和戏剧舞台或艺术展览台，使文化成为促进经济发展的重要工具和因素。2010年埃森市被欧盟授予"欧洲文化之都"，成为鲁尔区历史上的一个里程碑，也是其通往后工业化未来道路上的里程碑。这些在此举办的数千项文化和艺术活动强化了工业遗址的保护利用战略，成为经济成功转型和结构调整的标志，并使该区的创意和文化产业从其衍生产品和服务中获益颇多，由此大大提升了文化创意产业对鲁尔区重塑声望和形象的重要作用。改建的活动场地吸引着对文化项目感兴趣的人士，逐渐成为创意企业和新兴公司的聚集地。目前鲁尔区有200多个年度、双年度或者三年度的文化活动，例如波鸿的世纪大厅已经成功举办鲁尔区三年展、创新性国际戏剧和音乐艺术节，吸引了该地区主要的导演和音乐家们。另外，鲁尔区还设有丰富的教育设施和休闲娱乐设施，密集的公共歌剧院、交响乐团和艺术博物馆网络使人们能轻松地享受到各种文化活动。

③**规划文化旅游线路。**文旅产业是鲁尔区实现经济转型的特色产业之一。1998年，鲁尔区制定了一条区域性旅游规划线路，被称为"工业文化之路"的旅游线路连接了19个工业旅游景点、6个国家级博物馆和12个典型工业城镇。"工业文化之路"如同一部反映煤矿、炼焦工业发展的"教科

书"，带领人们游历 150 年的工业发展历史。开发工业旅游在改善区域功能和形象上发挥了独特的效应，成为鲁尔区经济转型的标志（黄维，2018）。

④重视公私合作和跨领域合作。在文化复兴程序下开发项目时，至少应在城市的三个主要行政部门之间达成合作，包括建设和城市开发部门、文化事务部门和经济发展促进部门，这对于从城市、文化和经济层面整合更新项目来说至关重要。2010 年"欧洲文化之都"活动期间，53 个地方政府共同合作，提供大量本土文化项目，实施周期长达 12 个月。地方政府和民间团体也利用这个机会，将他们的一些想法与地方情况融入其中。在此期间，"欧洲创意经济中心"成立，旨在推动鲁尔区的文化创意产业发展，该中心得到欧盟和北莱茵—威斯特法伦州政府的支持，并可从州政府和地方城市协会举办的各种活动中获益。

（4）实施效果

鲁尔区努力培育发展文化产业，形成具有独特文化特征的设施资源与整体形象。区内现拥有 200 多座博物馆、100 多座文化中心、100 多座音乐厅、250 个节庆与庆典活动、3500 余个工业保护遗址、6 个交响乐团、5 个芭蕾舞团。工业旅游与文化产业的发展，促进了城市环境和功能的转变，完善了区域功能，提高了鲁尔区的整体形象（姜四清，等，2015）。鲁尔区早已不是衰落的工业区，恰恰相反，其正保持继续发展的势头，取得了举世瞩目的成绩，也是资源型城市成功转型的经典案例。

5.2.3　英国斯特拉特福德：将名人元素发展为文化产业链

（1）项目概况

斯特拉特福德镇坐落于绿树掩映、天鹅游弋的埃文河畔，虽然自然环境优美但欧洲许多美丽的小镇没有太大差别，真正让斯特拉特福德镇闻名于世的是因为这里诞生了莎士比亚。小镇在开发过程中以人为本、注重历史文化保留与传承，充分发挥莎士比亚文学的世界影响力，以莎士比亚文学、莎士比亚元素为核心，将小镇打造成展示莎士比亚生平及莎翁文学的文化艺术殿堂。

（2）经验做法

①通过展示莎翁时代的生活细节，构建小镇核心吸引力。小镇是莎翁的诞生地，也是莎翁的安葬地，莎翁的妻子安妮·海瑟薇一直生活在小镇上。小镇对莎翁故居、莎翁安葬地圣三一教堂、安妮·海瑟薇小屋等历史文化景点进行了细致的保护，通过建造莎士比亚乡村博物馆和皇家莎士比亚剧院，打造小镇莎翁文化核心景点。同时，小镇注重建筑风格的统一，以莎士比亚生活的英国都铎王朝时期建筑为主，其中不少是17~18世纪保留至今的老房子，银行、快餐店、商铺等外立面或是修旧如旧，或是尽量做到与周围建筑不冲突。莎士比亚主题餐厅、纪念品商店、旅店集中在莎士比亚故居附近的几条主要街道上，完全为步行道。允许车辆行驶的街道上，步行道与行车道几乎等宽。小镇最高的建筑为教堂，其他建筑均不超过3层，营造出步行为主的悠闲氛围。为提升小镇整体的莎翁文学氛围，小镇每晚都会演出3台莎士比亚的戏剧，有喜剧和悲剧供观众选择。小镇通过保留原有历史文化风貌，展示莎翁昔日的魅力和生活细节，还原莎翁剧场，延续其文学戏剧的入世精神，既活化了莎翁文化，又打造了小镇的核心吸引力。

②围绕莎翁元素发展文创产业，打造完整的文化产业链。不仅是莎翁核心文化景点，小镇本身也充满了莎翁元素。小镇在推动文化产业发展时充分利用莎翁元素，小镇的旅游观光车每一站都跟莎士比亚的生活有关。同时小镇的生活也充满了莎翁元素，从小镇纪念品、巧克力到餐厅的红酒、桌布都利用莎翁元素进行精心设计。游客在小镇上闲逛，似乎置身于数百年前莎翁笔下的世界。酒馆招牌上的一幅肖像、精品店里的一支鹅毛笔、咖啡杯上的一首诗，或是路边的一座铜雕像，莎翁的印记无所不在。斯特拉特福德小镇围绕"莎翁"将本土的历史文化资源转化成文化旅游产品，大力发展文化产业，打造出一条完整的产业链。

（3）实施效果

斯特拉特福德镇将"莎士比亚"元素作为当地的一项"产业"以及"核心产品"用心经营、精心打造，令这个只有两万居民的小镇成为今天英国最热门的旅游目的地之一。

5.2.4 北京798：从包豪斯风格工厂到LOFT文化新地标

（1）历史背景

北京798艺术区所在地是新中国"一五"期间建设的"北京华北无线电联合器材厂"，即718联合厂。718联合厂是国家"一五"期间的156个重点项目之一，是社会主义阵营对中国的援建项目之一。当时，由时任民主德国副总理厄斯纳亲自挂帅，利用民主德国的技术、专家和设备生产线，完成了这项工程。民主德国一家建筑机构负责联合厂庞大的建筑设计，由于它和当年的包豪斯学校在同一个城市，两者在建筑精神层面上是共通的，因此联合厂具有典型的包豪斯风格，是实用和简洁完美结合的典范。

1990年代后期因经营困难，一部分房产被闲置了下来。2000年以后，当地的产业和厂房整合重组为北京七星华电科技集团有限责任公司。为了使闲置房产得到充分利用，七星集团将这些厂房陆续进行了出租。此后来自北京周边和北京以外的艺术家开始集聚798，他们以艺术家独有的眼光发现了此处的独特优势。2002年2月，美国人罗伯特租下了这里120平方米的回民食堂，改造成前店后公司的模样。罗伯特经营中国艺术网站，一些经常与他交往的人也先后看中了这里宽敞的空间和低廉的租金，纷纷租下一些厂房作为工作室或展示空间。"798"艺术家群体的"雪球"就这样滚了起来。这里的部分厂房属于典型的现代主义包豪斯风格，整个厂区规划有序，建筑风格独特，稍作装修和修饰便可成为富有特色的艺术展示和创作空间，由此慢慢形成了今天的798艺术区（图5-5）。

（2）项目概况

艺术家和文化机构进驻798后，成规模地租用和改造空置厂房，逐渐发展成为画廊、艺术中心、艺术家工作室、设计公司、餐饮酒吧等各种空间的聚合，形成了具有国际化色彩的"SOHO式艺术聚落"和"LOFT生活方式"，引起了社会的广泛关注。经由当代艺术、建筑空间、文化产业与历史文脉及城市生活环境的有机结合，798已经成为北京都市文化的新地标，甚至演化为一个文化概念。目前798文化创意产业投资股份有限公

图 5-5　798 旧厂房与现代雕塑
（图片来源：https://baike.baidu.com/item/798 艺术区）

司是"798"品牌持有人和运营管理方，每年都会举办大量的艺术展览和品牌活动超过 2000 场。几乎所有国际著名品牌都到 798 做过品牌宣传和活动。每年 9 月这里还会举办 798 艺术节。

（3）经验做法

①**对艺术家宽容度高的氛围环境**。798 当时之所以能够发展起来，主要原因有三方面：一是租金低廉；二是特殊建筑形态，厂房为包豪斯风格建筑，采光好，空间大，富有艺术感，可塑性强；三是相对自由开放的发展环境，即业主对承租户管理和限制少。这三个原因使它产生巨大的吸引力。

②**持续支持发展艺术行业**。纵观国外艺术区的发展规律，通常是艺术家集聚、艺术交易的兴起，最后阶段是商业化，而商业化又会把艺术家驱逐出去。798 运营方的想法还是要长久地发展，支持艺术这个行业，因此不断地对国内外一流的艺术机构提供支持与便利，让他们集聚到 798，给予画廊、艺术中心、艺术基金等业态良好的发展空间。

③**积极开展国际文化交流合作**。基于首都"国际交往中心"的城市功能，各国到中国设立国家级艺术中心的首选都是北京。在这样的情况下，798 利用自身在国际上的知名度与北京的经济与政治职能优势，提出了"文化使馆区"的发展定位，在文化的传播与交流中，释放发展活力，实现艺术产

业园区的转型升级。目前德国的歌德学院、丹麦的国家文化中心、以色列的文化商务会馆等机构已经落户798。

④**打造青年艺术家驻地平台。**专门辟出一个区域，名为"C南区"，专门作为艺术家的专业化工作室，在价格政策上给予一定的支持，帮助他们稳定下来。同时打造国际青年艺术家驻地项目，支持所有的园区内机构以及国际机构共同参与。

（4）实施效果

截至2016年底，798已经集聚了近500家以艺术为主的机构，其中包括艺术家工作室和画廊等243家，创意设计类机构128家，其他还有如咖啡工作室、酒吧等配套业态。798得到了国内外广泛的关注，2016年有超过420万人访问798，其中超过100万是外国游客。截至2016年底，已经有123位国家元首、地区领导人访问过798。

5.2.5 上海M50创意艺术园：适度管理引导文化业态高质量发展

（1）历史背景

M50创意艺术园的前身是信和纱厂旧址，占地面积35.45亩，原为近代徽商代表人物之一周氏的家族产业。1951年1月为公私合营上海信合纱厂股份有限公司，1961年10月为公私合营上海信和毛织厂，1966年10月为国营上海第十二毛纺织厂，1999年停产转型。如今厂区旧址内保留了1930~1990年代各个历史时期的工业建筑41000平方米，包括厂房、仓库、锅炉房、食堂、烟囱等各种类型，部分生产设备亦被保留下来。

1998年我国台湾设计师登琨艳最先进驻上海苏州河边的仓库，成功重新诠释工业旧仓库。此后一批艺术家在西苏州河路1131号、1133号仓库等地相继创建自己的工作室。2002年5月，西苏州河1131号和1133号仓库拆迁，那里的艺术家们和东廊、香格纳等画廊的老板就近搬入莫干山路50号，同时还入驻了一批当代艺术家。2002年另一片艺术仓库淮海西路720号同样因市政拆迁而消失，这批艺术家也于2003年2月相继进驻莫干山路50号。现在这个安静的工业园区里的工作室和画廊已经有21家。2004年，上海市政府开始对苏州河沿岸进行考察,对于"文化艺术产业"这一新兴的产业给予支持的态度从保护产业的基本目的出发,到辅助产业的蓬勃成长,有关单位联结了莫干山路、福州路、从山路、多伦路等几条主要艺术聚集街道,发展成"特色化街区"。现在,莫干山路50号不但是策展人、收藏家必访之处,也是上海文化、观光的重要景点。2005年4月挂牌为上海创意产业聚集区之一,正式命名为M50创意园。

(2)项目概况

从2008年开始,园区运营方对于该创意园的品牌建设提出了创新理念,意在以创意园为基础,充分利用园区资源聚集的能力和汇集起来的资源,将M50创意园放到一个更高的层面,作为一个以"艺术、创意、生活"为核心价值的品牌去打造。目前看来,M50创意园的品牌打造无疑是成功的,该创意园是现今上海最具规模和影响力的创意产业基地,也是市政府确定的11个特色文化街区之一。曾经闲置的纺织厂老旧厂房,如今华丽转身,变为时尚潮人、艺术达人聚集的时尚地标。其业态涵盖艺术家工作室、画廊、服装设计、平面设计、美术教育、建筑设计、家具设计、影视制作、环境艺术设计、艺术品(首饰)设计、产品设计等。

(3)经验做法

这些厂房从最初的出租到最后转变成为文化创意产业园区,其中政府政策对其去留起了很大作用。首先,普陀区政府将地块批租转让给房地产开发商(天安中国投资有限公司),天安公司取得土地之后成立子公司凯旋门企业发展有限公司负责整体的开发改造方案,而春明粗纺厂(上海纺织控股下属工业厂房、M50创意园的管理方)利用厂房租金解决下岗工人的生活问题(洪启东,2009)。

另外,M50能够完美转型还依靠以下几个方面。

①合理严格的运营管理。改造后的M50创意园以视觉艺术时尚创意为主题,园区对入驻的艺术家、艺术机构甚至商业店铺均进行严格管理,通过举办形式多样的艺术活动和管控进驻商铺使整个园区都充满艺术、时尚、创意的气息,园区的整体质量得到不断提升。在管理与运作方式上,园区

运营方成立了四个相应部门，通过企业化的运作方式来经营。值得一提的是，为保持建筑物原貌，承租方对厂房进行装修时，装修图纸须通过园区运营方的审查，以免破坏整体建筑。合理而严格的园区运营模式是 M50 创意园在上海众多创意园区中脱颖而出成为"上海时尚地标"的重要原因之一。

②**坚持走品牌化道路**。园区最大限度地集聚了文创领域的领军企业和领军人才，包括亚洲艺术中心，新时线媒体艺术中心，艾可、玉衡、华府等世界一流画廊纷纷落户园区，同时，聚集了丁乙、张恩利、薛松、严培明等一批知名艺术家工作室，孵化了木马设计、大略设计、嘉禾设计、朗标设计、华谊兄弟时尚等一批知名设计企业。

③**注重硬件设施环境的设计**。M50 创意园完整保留并传承了历史保护建筑的原有风格，以整齐的锯齿形设计传递出别具风味的建筑形态。在局部外观的处理上，为做到时尚美观又能融入整体的典雅风格，还采用了上海世博会西班牙馆外墙的"竹木"构造。

④**丰富的展览和时尚活动**。艺术气息浓厚的 M50 创意园时常举办艺术展览与时尚活动，每年约 300 场，举办地点遍布园区各处。当中最具影响力的要属 M50 艺术季系列活动、M50 年度创意新锐评选活动（图 5-6）。

⑤**融合与日常生活消费息息相关的参与式体验型要素**。园区改造的"创意"不仅体现在硬件设施环境上，更创造性地融合了与老百姓日常生活消费

图 5-6　M50 创意园艺术季海报

（图片来源：https://baike.baidu.com/item/M50 创意园）

息息相关的参与式、体验型要素，使园区提升为开放式的街区、社区、景区。园区规划先行、产业特色鲜明、重视建筑美学设计、主动融入市民生活等新生理念，让 M50 创意园成为上海国际时尚中心、上海文化创意产业新的代言人（张晓鸣，2018）。

（4）问题不足

现在 M50 创意园有 4 万余平方米的空间用来出租，但是租金已经从原来每天每平方米 0.4 元，涨到 1 元多。出租方顺应市场的变化，和艺术家签订的租约时间一般都在一年之内，以便随时可以提价。莫干山路 50 号是随着画家的进入而逐渐"增值"的，目前租住在 M50 的画家主要有两类。一类是比较有名的成熟画家，比如丁乙、王兴伟、薛松、张恩利、曲丰国等，他们都有一定的影响力和经济实力，因此租金上涨对他们来说压力不大。而且，厂方考虑到他们当年的贡献和如今的名气，也不愿意"流失"这些"优质业主"。另一类是还没有成名的画家。他们进驻得晚，租金已经相对较高，而现在又要面临新一波涨价。还有一部分是那些有潜力、正在上升期的画家，但他们目前还没有得到商业上的认可，迫于经济压力，也可能要搬走。

艺术家的工作和理念提高了这个场所的价值和知名度，但如今租金的上涨又反过来威胁着艺术家的生存空间。

（5）实施效果

M50 创意园已成为旧工厂成功改造的典范，还被美国《时代周刊》杂志贴上"上海时尚地标"的标签，列为"推荐参观之地"。截至 2018 年，M50 创意园里已进驻了包括英国、法国、意大利、瑞士、以色列、加拿大、挪威、中国香港在内的 17 个国家和地区以及来自国内十多个省市的 130 余位艺术家和相关机构。其中由瑞士人劳伦斯创办的香格纳画廊和由意大利人乐大豆创办的比翼艺术中心是目前国内顶级的画廊之一，并在国际艺术界享有较高的声誉。

与同类的创意园相比，M50 创意园自下而上的更新机制、修旧如旧的建筑改造模式、较低租金的管理机制，以及严格控制商业业态比例的获利模式，这一系列的做法保证了创意园的健康发展。对旧建筑的改造利用要比拆除重建显得更有历史意蕴，且经济实用，这种裸露的钢结构与旧砖墙、斑驳的混凝土让人感受到历史的真实存在；低租金以及业态控制保证了艺术设计的氛围，或许就是这种慢热、稳定、常态的发展，使 M50 创意园比起许多一蹴而就的创意园更加具有顽强的生命力。在 M50 创意园获得成功之后，上海许多老旧工业厂房亦效仿这种改造方式，因此带来了一股 LOFT 模式的创意产业园发展风潮（沈湘璐，等，2016）。

5.2.6 成都宽窄巷：艺术创意融入建筑设计与城市生活

（1）项目概况

成都是我国首批 24 个历史文化名城之一，西南地区的政治、文化、经济、旅游的中心城市。宽窄巷子历史文化保护区以泡桐树街、金河路、长顺上街、下同仁路为界，总占地面积约 31.93 公顷，其中核心保护区 6.66 公顷，主要以宽巷子、窄巷子、井巷子 3 条传统街巷为重点。宽窄巷子是老成都"千年少城"城市格局和百年原真建筑的最后遗存，也是北方胡同建筑在中国南方的孤本（图 5-7）。

2003 年，成都市宽窄巷子历史文化片区主体改造工程启动。该区域在保护老成都原真建筑的基础上，将文化创意拓展到实体的建筑设计与建造领域，形成以旅游、休闲为主，具有鲜明地域特色和浓郁巴蜀文化氛围的复

图 5-7　宽巷子街景

（图片来源：https://baike.baidu.com/item/ 宽窄巷子）

合型文化商业街,并最终打造成具有"老成都底片,新都市客厅"内涵的"天府少城"。2007年起,成都文旅集团对宽窄巷子进行全新打造,在搬迁900余户居民,修复50个院落,改造3万多平方米地面建筑,修建1.1万多平方米地下停车场后,老街重新焕发生机。

(2)经验做法

①**历史建筑的原真性**。项目在修复设计之初,进行了详细的实地测绘工作,将宽、窄、井巷子中的每一个院子按照建筑所蕴含的历史文化与建筑价值,分为一类、二类、三类三个级别加以保护性的设计,力求尽可能地保留古建筑,还原历史建筑的本来面目。为加强对项目的监督和指导,成都文旅集团邀请历史、文化、艺术、建筑、考古等方面的专家学者,成立了"宽窄巷子历史文化保护区专家委员会",指导各项保护工作。因此,宽窄巷子的一砖一瓦、每个院落的格局,都是对历史的还原,是在详细的调查研究基础上,制定的具有整体性、原真性、多样性、可持续性的保护策略。

②**历史建筑的现代性**。宽窄巷子历史文化街区有今天的结果,与建筑的二次装修有着密切关系。根据功能业态的需要和风格,根据每个院落的条件,以及自身的艺术品位和文化创意,进行了再创造。这种创造是建立在原真的传统院落和建筑基础之上的,是隐藏在院落之内的,或者仅仅是通过一些橱窗进行局部展示,因此保持了街巷整体的风貌和氛围,形成了传统和现代的结合、并置,及在视觉、空间和时间维度上的叠合与交替。

③**历史文化的真实性与多样性**。宽窄巷子修复性改造之初,邀请了成都历史、文化、民俗、艺术等方面专家,共同梳理宽窄巷子的文化精神,其后十余年的发展根植老成都文化,再以此为延伸呈现多种体验场景。没有拘泥于恢复历史街区某一历史时期的风貌,而是反映各个历史时段的印记。所以宽窄巷子保留了老成都的城市历史、生活记忆,是彰显"天府文化"地域性、文化性和时代性的"城市IP"。

④**动态的实施过程**。宽窄巷子历史文化区的保护工作是一个动态的实施过程,既保证了宽窄巷子的多元化特征,又使每个院落的形态都不尽相同,没有统一规划、设计和建设带来的整齐划一的生硬感觉。

⑤**浓郁的生活气息**。三个巷子各有一个主题,其中窄巷子为老成都的"慢生活",井巷子为成都人的"新生活";宽巷子为老成都的"闲生活"。每个巷子的商业业态各有侧重,但都和当地的生活文化相结合,能为各种年龄的游客和消费者所接受,同时也很好地发扬和传承了当地的文化,具有浓郁的生活气息和活力。

⑥**完整实现"三态合一"**。三态,即文态、形态和业态。文态指的是文化遗产的文脉精神;形态是指文化遗产的建筑、器物等实物体现景观;业态则是指根据现代消费需求创造性布局、开拓消费业态。实现了三态间的协调转化,让文态、形态承载文化遗产的精神灵魂和整体景观显现,让业态作为一种生活方式的遗产情韵植入现代生活的消费内容。

(3)实施效果

2008年6月14日,宽窄巷子街区正式开放。开街第一年,就吸引了800多万名游客。截至2019年4月,接待游客总量接近两亿人次。并在新中国成立60周年前夕获得了中国建筑学会颁发的"建筑创作大奖",已经成为最成都、最世界、最古老、最时尚的老成都名片、新都市会客厅。数据显示,2018年游客在宽窄巷子街区的消费总额达3.84亿元,有效消费人数393.3万人次。

5.3 社区型策略典型案例

5.3.1 爱尔兰都柏林:古老与现代、艺术与生活和谐共存

(1)历史背景

爱尔兰都柏林坦普尔吧街区位于都柏林的市区中心,地块周边聚集大量历史文化古迹,地块内部保留了大量老建筑,其历史可以追溯至18世纪中叶(图5-8)。两百多年前的坦普尔吧街区是都柏林的文物繁盛、商贾云集之地,餐馆、酒吧、咖啡馆、剧院、旅馆鳞次栉比。1742年,亨德尔的《弥赛亚》首演于此。1791年,革命共和组织——爱尔兰人联合会在坦普尔吧街区的一个小客栈里成立。这里成为都柏林的社会活动中心,文化、

图 5-8　坦普尔酒吧街景

（图片来源：https://zh.wikipedia.org/wiki/坦普尔酒吧区）

贸易、商业活动异常活跃。

但是到了 19 世纪末，坦普尔吧街区开始慢慢衰落。20 世纪中叶，随着工业化浪潮兴起，它的衰退速度进一步加快。1960 年代，随着许多居民迁出城区到郊区居住，这里成了一片被遗弃的土地。

（2）项目概况

1991 年都柏林市议会通过《老街区保护法案》，老街区终于逃过被从地图上抹去的命运。同年，由一群年轻建筑师组成的设计团队"91 建筑联盟"赢得了坦普尔吧街区改造规划的竞标。竞标大赛给出的设计任务书中，目标非常明确，参赛者的方案必须将行人置于设计的首要位置，同时兼顾街区历史风貌的保护，并为未来的发展留出必要空间。对于不同用途建筑的安排，"91 联盟"也考虑得非常周到，单体建筑内部商业零售在第一层，住宅或工作室则安排在楼上，借此保持街区夜以继日的活力。

（3）经验做法

都柏林坦普尔吧街区改造成功值得借鉴的是其对文化的尊重和对地域

特色的重视。坦普尔吧街区之所以特别,因为它更像一个文化街区而非完全的旅游区,街区的旅游潜力主要来源于强烈的艺术感与创作感,许多小型文化活动形成了街区的地方特色。

①尊重地域文化,艺术机构云集。坦普尔吧街区复苏的过程先是在老房子里出现唱片店、艺术作坊、二手货商店、排练室、咖啡店、餐馆等小商业形式,并且吸引了越来越多的艺术家、音乐人和商人的到来,街区渐渐呈现出浓郁的波西米亚情调,老街区的价值才得到政府重视。目前都柏林坦普尔吧街区作为都柏林的文化中心,许多文化机构云集,包括爱尔兰摄影艺术中心、摄影画廊、国家摄影艺术档案馆、爱尔兰电影学院、国家电影资料档案馆、多媒体艺术中心、坦普尔吧音乐中心、坦普尔吧画廊和工作室、工程艺术中心、欢乐表演学校等。

②广场和休闲场所功能多元,富有活力。议事厅广场和坦普尔吧广场常在周末举办食品集市或书市;夏季作为露天电影院,为低成本电影提供平台。2004年开始举办演讲角,为民主思想的交流提供平台。还有很多特色鲜明的餐馆、咖啡馆、酒吧,是休闲娱乐的最佳场所。在特色音乐酒吧里,一般会有乐队现场演出,气氛热情欢快,顾客的音乐修养也普遍很高,随时能加入演奏行列。各种小乐队的沿街演奏也十分频繁。

③多元参与,推进实施。在坦普尔吧街区改造过程中,自发成立的坦普尔吧街区开发委员会代表当地居民、艺术家、小商家等各方的利益,与相关政府组织(如都柏林城市委员会、欧盟委员会等)有着密切的联系,发挥了沟通协商的重要作用;政府相关部门直接与坦普尔吧街区开发委员会、都柏林城市委员会合作;"91建筑联盟"和坦普尔吧街区地产公司的参与和支持保证了该地区文化开发主旨的贯彻和落实。总体看来,坦普尔吧街区改造得到各部门的大力支持,这为改造实施的推进提供了极大的便利。因此,多元参与是科学确定产业发展方向、制定产业引导政策的重要保障,是推进地区整体健康、稳定、有序发展的前提。

(4)实施效果

改造更新完成后,街区保留了中世纪的街区风貌——铺满鹅卵石的狭窄街道和两旁矗立的风格不同的建筑。街区的古老与新生和谐共存，文化机构、艺术作坊、博物馆、电影院、酒店、酒吧、饭馆、住宅和谐地组织在一起，无论是居民还是游客都能满足所需，安闲地享受时光。坦普尔吧街区成为所有到访都柏林的游客不可不去的景点。

都柏林坦普尔吧街区的复苏过程表明富有地域风情的文化艺术产业也会富有活力，一种业态的形成和发展往往会带动相关业态的出现和发展，并最终形成一定的产业形态。

5.3.2 日本东京：传统社区的魅力再生实践

（1）历史背景

1990年代初日本泡沫经济解体，大规模旧城改造受到约束，而且城市再开发中完全推倒式的更新手法并不能保持城市的魅力。"社区营造"以一种自下而上的社区建设方式启发了传统自上而下的推倒重来式城市改造，为当时日本的旧城建设提供了新的思路，也使除政府以外的多元社会主体参与到城市建设当中。此时，社区营造开始在日本广泛实施，并成为当今日本旧城可持续再生的主要形式。

经过40余年的发展，日本社区营造的内涵由最初的社区抵抗运动，逐渐随参与主体的多元化而演变成为结合民、官、产、学等多方主体的民间行动，并且形成了主体间的良好协作。这样的发展不仅有利于居民生活品质的改善，也实现了社区魅力的提升。

（2）项目概况

谷中地区位于东京市日暮里站的西南侧。谷中地区继承了江户时代1600~1867年的基本城市形态，也保留了这一时期的路网结构。谷中地区作为江户时期的主要寺庙区域，至今仍有70余处寺庙保留在该地区，同时也保留了与寺庙有关的诸多小的墓地以及大的陵园。可以看出，谷中地区具有丰富的历史文化资源，存有较多文物古迹、近现代史迹和历史建筑，也相对完好地保留了原有的传统建筑风貌，能够比较完整、真实地反映江户时代传统风貌与地方特色，这是谷中地区进行魅力再生产的重要载体。

（3）经验做法

谷中地区作为具有丰富历史遗存的街区，其魅力内涵源自三个"安乐"，即安心、安全、安宁。这是谷中地区吸引人们居住于此的原因，也是谷中地区主要的魅力内涵要素。谷中地区的社区营造强调的是一种历史型生活文化的培育，即在富有历史文化资源的谷中地区保留传统日常生活中的生活文化及生活作风，将日常生活的文化活动与其历史建筑、道路、街巷、井、稻荷、自然环境等有形或无形的要素相融合，成为一体。

在谷中地区，空置老旧建筑的活化共有四种类型：住宅型、商业型、工作室型和共享型。谷中地区大部分老旧建筑始建于1900~1920年，基于建筑结构及区位特征，町屋活用赋予了老建筑不同的空间功能。"间间间"是谷中地区"共享型"町屋活用的代表，是经过更新整修后的混合型的功能空间，在一周内不同日子有不同用途，除了用作居住，还作为工艺展览室，并将厨房空间改建为咖啡厅，成为年轻人的创业支援据点，再创造价值的同时，也为社区经济带来了活力。台东区历史都市研究会承担了町屋活用项目的核心管理任务，不仅协助活化了谷中地区内的老旧建筑空间，也为居民活动提供了场所，增进了邻里情感，为社区魅力的再生产作出贡献。

在谷中地区的社区营造中，地方政府、非营利组织（NPO）、企业、高校专家等多元主体参与到魅力再生产当中。参与主体的变化表现为从最初的个体倡导，逐步形成民间组织雏形，随后大学加盟并建立谷中学校，到社区委员会、町会等组织的参与并建立相互间的联系合作，最终形成当前各类多元主体紧密的合作联系。参与主体种类由单一到多元，主体间关系由疏离到紧密，同时也伴随着更为丰富的社区营造活动、项目及运作模式的出现。

三种力的共同作用实现了魅力的再生产，所形成的动力机制特征为：社会力主导，市场力配合，政府力保障。

第一种是社会力，由当地居民、非营利组织、志愿者、高校专家以及其他社会组织组成，这是魅力再生产的动力源，也是形成自下而上的参与式规划的发起主体。其中非营利组织在魅力再生产过程中起着极为关键的作用。一方面，非营利组织要对社区文化以及社区居民诉求等信息进行收集整理，发挥组织行动的作用；另一方面，非营利组织要在魅力再生产的各个阶段发挥与其他各社会组织的对接和协调作用。社会力呈现出多元主体参与的特征，在社区魅力再生产中起主导作用。

第二种是市场力，指参与到社区营造过程中的开发商、运营商、管理公司等。随着社会力的启动，市场力配合提供资本支持和运营管理，协助实现空间功能的再生，建筑活动机制当中不动产会社与运营会社的参与，实现了建筑功能的更新，创造了新的空间价值及经济价值。

第三种是政府力，指中央及多层级地方政府，通过制定政策法规，进行公共管理建设，或提供资金支持，对社区魅力的"安全"维度提供综合性保障。

（4）实施效果

谷中地区老旧建筑活用的"再生产策略"，以非营利组织为主导推动运作，在空间维度通过整修实现了"安全"，在社会经济维度通过经营使得功能再生实现了"安心"，在文化维度通过恢复历史文化并营造社区凝聚力而实现了"安宁"，进而实现魅力的再生产。

5.3.3 我国台湾士林福林：社区文化复兴的民众参与实验计划

（1）历史背景

社区营造在我国台湾地区被称为社区再造、社区重生（Community Renaissance）等。1990年代之后，台湾地区运用再造理论来推进社区发展，发起了社区总体营造运动。台湾地区的社区营造可追溯到1960年代的社区发展运动，并受到日本造町（街）运动的影响。"九二一"大地震后，台湾地区社区营造从乡村开始实施，再逐步扩展到城市。社区营造运动以"一乡一特色""由下而上""民众参与""发掘地方文化"等为理念，包括社区环境营造、社区产业营造、社区文化营造、社区医疗营造、社区教育营造、社区治安营造和社区服务流程再造等方面。

（2）项目概况

士林福林社区开展了由下而上的自我改造，实行"社区环境改善及民众参与实验计划"。1992年由专家发起，在规划阶段社区居民实地考察成功案例，并定期与建筑专业人员交流，表达对未来河滨的构想；在施工阶段，居民共同参与广场嵌画的制作。社区参与介入的公共空间设计、社区文化产业的构建，推动社区自下而上的、富有生命力的有机更新和可持续发展。

（3）经验做法

充分调动了居民的积极性，增强了居民的社区归属感，其可供借鉴的做法可以概括为以下几个层面。

①**社区理念层面**。培植社区居民的社区营造理念和社区意识。政府、学者与社区居民代表就社区环境、社区规划、社区史开发、非营利组织（NGO）发展、社区活动等社区营造议题进行讨论，制定具有社区特色的社区发展计划，汇聚社区共识。

②**社区行为层面**。通过开展丰富多彩的社区活动来引导社区居民走出家门，促进社区居民对社区事务的参与，增进相互的了解，累积社区内在的社会资本。建立"社区工作坊"，通过社区事务的娱乐化来引导社区居民对于社区营造的参与。

③**社区人才层面**。台湾地区将社区营造视为"社区造人运动"，重视社区居民的成长与学习，并以之作为社区营造的长期战略举措，经常举办例如社区读书会、成长营、教育培训、环境认养等。

④**社区文化层面**。即通过社区文化再造来塑造独具特色的社区形象，凝聚社区意识，使社区成为居民的生活与精神共同体。

⑤**社区服务流程层面**。从满足社区居民的生活需求出发，创设新的社区流程，实现社区的功能性整合和结构整合。正是基于社区总体计划研制中市民和都市管理者的上下结合，台湾地区社区发展计划的编制程序中也逐渐形成了上下结合型评估与展望的研究架构，由社区领导人士与一般居民评估社区发展各项目的满意程度及贡献程度，从而评定社区发展的成效。

（4）实施效果

在社区居民与建筑学者的共同努力之下，改变了士林福林社区原本荒芜的双溪河滨面貌，以每家自带菜肴的方式举办"福临家园温聚会"，提供互动认识的机会，实现了社区文化和资源的再利用。其成功的建设成为各界学习的对象。

5.3.4　台北保安宫地区：文化遗产资源的活态式保护与再生

（1）项目概况

保安宫俗称大龙峒大道公庙，位于台北市大同区哈密街上，主祀道教保生大帝，是大龙峒当地的信仰中心。保安宫地区为台北市早期发展主要据点之一，也是深具历史文化资源的地区，除有形文化资源外，还包括保安宫及孔庙庆典、民俗信仰、地方历史事件等无形文化资产。台北保安宫历史地区的原态式保护，不仅包括历史建筑、历史风貌的保护，更具特色的是通过"人"的参与来实现文化维度的建设。

（2）经验做法

1994年起，保安宫传统的保生大帝圣诞庆祝庙会活动，开始注入当代人文精神，与传统戏剧及其他文化艺术结合，成为内容更加丰富的文化艺术节庆——保生文化祭。文化祭的内容包括一连串以宗教、民俗、文化艺术为主题的系列活动，有最具当地宗教及民俗特色的保生大帝圣诞祭典、蜂炮、放火狮、家姓戏、歌仔戏、掌中戏等表演，还有古迹艺术导览、摄影写生竞赛、音乐飨宴、奖助学金颁发、义诊、宗教文化讲座、保安宫美展等，系列活动长达三个月。保安宫内外及附近街区，也因文化祭而热闹非凡，各项活动目不暇接（图5-9）。具体活动项目如下[①]。

①绕境踩街。以保生大帝出巡为主题，民众组成壮观的随行队伍。绕境范围包括大龙峒、大稻埕地区。绕境踩街的阵头行经宫庙前时，鞭炮钟鼓齐鸣，傍晚绕境活动结束，接着就放火狮，为当天的活动画下绚烂的句点。

---

① 内容参考自海峡道教网—福建省道教协会《北台湾保生文化祭——台北市大龙峒保安宫》一文，http://www.hxdjw.org/show484.html，作者稍作修改整理。

图 5-9 台北保安宫保生文化祭文化活动
（图片来源：台北旅游网，2019 保生文化祭，https://www.travel.taipei/zh-tw/event-calendar/details/18527）

②**艺阵表演**。为民俗庙会活动不可或缺的表演。"艺阁"亦称"诗意阁""花车"，其型制以车装阁，上面装置民间传说故事人物。"阵头"指民俗表演团体，分为宗教、音乐、趣味与小戏等类型。

③**家姓戏**。保生文化祭中的家姓戏演出，每年热闹开锣，但已不局限于传统性质的"家姓"，而转变为展示现代社会中的民俗文化新风貌。剧种包括木偶戏、高甲戏、歌仔戏、北管戏及南北管演奏，演出团体涵盖有职业剧团、保安宫社团、学校艺术科系等三类。

④**保生大帝祝圣祭典**。农历三月十五为保生大帝神诞。当日举行圣诞祭典，依例以三献古礼进行。

⑤**古迹导览**。为了推广促进文化休闲观光，增进民众对乡土艺术的兴趣，于保生文化祭期间举行古迹导览活动。通过导览让民众与历史接轨，对艺术瑰宝也多一分认识与景仰。

⑥**保健养生与义诊**。保生大帝为医神，保安宫为传承保生大帝悬壶济世的精神，发扬中医文化，在文化祭活动期间推出中医义诊、中医讲座、中医文物和药材展。

⑦**艺文比赛**。保安宫其建筑体现宗教、民俗文化和艺术价值,为让更多人关心民俗和艺术,文化祭期间举办摄影比赛、儿童绘画甄选比赛。

⑧**音乐飨宴**。保生文化祭注重音乐活动,在期间经常安排相关的演出,以涵养民众的精神生活。

⑨**文物展览**。举办静态文物展览。文物展的内容主要是宫内常设的展品,包括文物与各类古老祭器,有清嘉庆年间木雕龙头、花鸟雀替、青瓷双龙化瓶、八卦香炉、保生大帝龙袍、龙耳炉、方鼎、烛台、大正时期的老账册等。

⑩**过火仪式**。保安宫的过火仪式是台北都会区[①]硕果仅存且保留同安原乡特色的宗教习俗,维持了百年习俗之特色,是保生文化祭的精华戏。

保安宫地区文化资源保护利用的活动主要以社区参与为动力,联结四种行动者及其网络,在文化活动中分别扮演不同角色。一是庆典绕境活动,即保安宫所辖民俗艺术网络,包括传统艺文与祭祀团体、地方民俗乐团、相关地方庙宇、志愿性艺文组织与信仰组织;二是家姓戏的参与:保安宫负责邀请台湾专业性和社区业余传统戏曲团体以及地区性学校文艺社团;三是都市行销活动的参与:台北市政府动员内部行政机构,包括市发展局、文化局、民政局、大同区公所等共同参与庆典规划,并由政府制作广告用于平面与电子媒体宣传;四是地方社区专业者与义工组织的参与,为社区居民提供自我展现的机会,包括传统文艺活动(如南管乐团、歌仔戏)及社区文化教育服务(如史迹解说、健康教育讲座、图书馆)。社区居民是义工组织的主要来源。

当地政府与当地社区团体的合作关系(图5-1)主导了保安宫的保护与利用。当地政府改变传统层级管理的方式,采用合作治理的管理体制,协调寺庙—社区—政府三方面的关系。这三者在文化动员与环境改善中都扮演了至关重要的作用(图5-10)。

(3)实施效果

地方政府联合寺庙、社区团体等以一种新的"协同治理"进行"以社

[①] 台北都会区:又名大台北地区、大台北都会区或台北基隆都会区,为台湾省第一大都会区,涵盖省会台北、新北、基隆3个行政区。

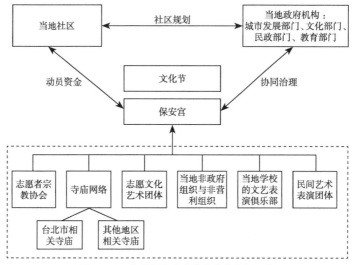

图 5-10 台北保安宫文化节公众参与网络

（资料来源：Lin C., Hsing W.. Culture-led Urban Regeneration and Community Mobilisation: The Case of the Taipei Bao-an Temple Area, Taiwan[J]. Urban Studies, 2009, 46（7）:1317-1342.）

区为基础的文化规划"，并且调动媒体和旅游产业等公共资源，来共同提升保安宫的形象以及文化节的影响。保安宫遗产保护的策略在 2003 年获得联合国教科文组织亚太地区保护奖。

5.4 小结

5.4.1 国内外比较与差异分析

城市更新的各个发展阶段与社会政治、经济发展阶段相统一。改革开放 40 多年来，我国城镇化水平快速提高，经济社会结构深刻变动。我国以往的城市更新过程中，产生了不少问题，例如对历史文化以及生态环境的破坏等。这是由于社会经济转型中，城市更新目标过于突出为经济发展服务，缺乏必要的社会监督管理机制，重蹈了西方发达国家在城市更新的覆辙。

研究表明，当城镇化率达到 50% 以后，城市前期加速发展所积累的问题开始放大呈现，"城市病"进入高发期，城市规模不能持续扩大也限制了城市的经济发展和资金来源。2018 年末我国常住人口城镇化率达 59.58%，未来城市发展将从空间形态的外部拓展为主转变为外部拓展与内部结构调整同时进行。在这种背景下，旧城更新与再生的实践会越来越多，城市更新与再生的模式也日益引起人们的关注。

研究是实践经验的总结，西方城市更新与再生演变过程中的经验和教训，对中国旧城再生有着非常重要的借鉴意义。对西方国家城市再生的研究回顾，可以为中国旧城再生的高质量发展提供有益的借鉴。

（1）背景比较

西方国家大规模的城市更新运动始于二战以后，最初是由于战争的破坏而进行的大规模的城市重建运动，重点在于改善城市房屋破旧、住房紧张以及基础设施落后等物质性问题。随着经济的迅速恢复，城市中心原有的基础设施和公共设施已不能满足新的发展要求。于是，一些大城市中心地区的人口（主要为中产阶级和高收入阶层）和工业纷纷向郊区迁移，市中心则被低收入阶层所占据，从而造成了城市中心区的"衰落"，表现为税收下降、物质设施老化、经济萧条、社会治安恶化等。在这种情况下，西方国家的城市更新运动逐步发生了转变，不再是以大规模拆除重建的物质性更新为主，而将重点转向解决城市的社会、经济问题，以探寻城市再生的途径（于今，2011）。

国外城市更新发展演变有以下特点：一是政体形式对城市规划和城市更新发展模式有一定作用；二是从物质规划到社会综合规划，社会经济转型对城市更新具有特别重要的意义；三是城市更新中的城市文化保护日益得到重视并走向全面；四是城市人文思想在城市社会经济生活中复萌，城市可持续再生成为城市更新的新思考、新趋势与新实践。

中国大规模的城市更新是在1970年代末1980年代初开始的。新中国成立后，中国为摆脱遗留下来的贫穷落后的状况，将城市建设的重点放在工业生产和新区建设上。城市建设的形态出现外围建筑新、质量好、层数高，而中心区则普遍较为陈旧，建筑质量差。到1980年代后期，原有的城市发展政策所造成的城市隐患已逐渐暴露，主要表现在基础设施落后、城市布局混乱和居住环境恶劣等方面。同时，城市土地使用制度的改革和资金筹措方式的多样化，也使得城市更新的重点逐渐转向旧城，拟通过改善旧城区的物质环境问题、土地使用性质和产业业态的置换来实现土地的经济效益，复兴城市中心区。

与西方的城市更新相比，中国的城市更新具有明显的特殊性和更大的复杂性。首先是背景和目标方面的差别，西方的城市更新是在过度郊区化导致城市中心出现严重衰败和空心化的背景下提出的，其城市更新的目标是吸引人口返回城市中心，恢复城市中心的活力。而我国城市更新的背景是城市化处于加速发展的时期，城市中心地区的要素集聚力仍然十分强大，在这一背景下进行的城市更新其主要目的是疏解城市中心地区的人口和第二产业，为提升城市产业结构、改善城市景观和人居环境提供必要的条件。

其次，面对中国城市中高速增长和快速变化的局面，具有悠久历史的城市在保护与发展方面的矛盾与问题更为突出。我国五千多年的历史孕育出了很多因深厚底蕴和重大事件而青史留名的城市。截至2018年，国务院已将135座城市列为国家历史文化名城。城市的快速变化对历史文化的保护恰恰是一个巨大的冲击，对于历史文化名城而言，这一冲击就更为直接和强烈。

（2）社会环境的差异

将上述中西方城市更新历程进行比较不难看出，社会整体环境的不同直接导致了城市发展建设内容、方式、目标及更新效果的差异。长期市场经济价值规律的影响，促使西方城市小规模、渐进式更新，走上良性循环的发展轨道。在中国，城市土地的使用通过征用和划拨得以实现，城市建设和发展主要在政府力推动下完成，造成城市自身调节机制的弱化；城市发展的内力作用受到一定程度的限制和忽视；城市发展有着明显的行政计划的痕迹，城市更新也呈现出明显的政府主导和政策导向性（于今，2011）。随着我国经济体制的日益成熟，城市更新逐渐由局部分割走向整体协调，由单目标走向多目标，它的推动力也正由政府主导逐渐向多元参与转变。

（3）经济发展阶段的差异

经济发展水平和阶段的差别，主要表现为我国居民收入水平总体上相对偏低，政府财力和社会财力也有限。在城市更新过程中涉及的居民迁居、城市设施改造、城市土地用途改变等一系列更新内容，都需要支付高昂的成本，这种成本往往成为城市更新过程中难以兼顾历史文化环境和资源保护的主要因素。同时，经济发展水平又与居民消费水平以及消费市场偏好有很大联系，消费水平和市场偏好在很大程度上决定了项目建设的层次、旧城文化产品开发的走向，影响着中西方城市形象、文化风貌、产业业态等城市更新的不同结果。

（4）社会参与、实施机制的差异

由于个体和整体社会环境在经济、文化等方面的差别，导致中西方社会生活参与氛围和参与机制具有一定的差异性。在西方国家1970年代以后的城市更新中，公众参与的规划思想开始广泛被居民接受，居民通过协商努力维护邻里和原有的生活方式，并利用法律同房地产商进行谈判，公众参与对城市更新政策有较大的影响。这段时期出现了由社区内部自发产生的"自下而上"的"社区规划"，实践证明这是富含社会、经济意义的较成功的城市更新方式。日本、我国台湾与之相类似的"社区营造"，从形成到实施都强调有基层社区活动的涌现，其核心在于自下而上的、自发形成的公众参与机制。

一直以来，中国城市更新、建设过程中社会参与、协调的过程都没有受到足够重视。大部分的城市更新实践更多地强调政府主导，这与西方基于公私合作的联动方式有所不同。近年来随着社会经济的发展进步，特别是政府管理体制改革的深化，城市建设管理通过公示、专家论证等各种制度逐渐体现公众参与。但存在参与主体代表性不够典型、参与意识与能力差异悬殊的现象，且公众参与尚未进一步落实到城市更新与建设的具体空间对象和手段方式上，这势必会导致公众需求表达不充分而使城市规划和设计政策被某些单一集团或一类利益相关者主导的可能性加大。因此未来还需大力推进公众参与旧城治理决策、实施的力度和深度。

（5）开发管理机制的差异

越来越多西方国家将市场化机制引入旧城文化遗产的开发、运营、管理过程中，例如基金会管理制度、第三方专业机构管理制度等，与此同时强化政府监管。我国旧城文化遗产的开发利用过程中，政府与市场的边界与职能尚未厘清，引入市场化机制不完善，政府监管不到位。同时还存在管理机制不畅的问题，例如所在地政府及上一级政府的国土规划、文旅、文保等相关部门都可以行使一定的管理权。这就使得开发管理过程中，区位较差、经济效益低的地区易出现无人管理状态，而资源、区位较好的地区又会因为条块分割、职责交叉，出现各部门为了利益争相管理的状态。

（6）观念与认知的差异

发达国家在城市再生和文化遗产开发利用过程中，对历史街区文化遗产的保护意识、对文化传统的传承意识较强，保护方式和手段也较为先进。而我国在旧城更新过程中，部分地区保护文化遗产及传统风俗的意识相对薄弱，保护利用方法相对落后。究其原因：第一是一些地方政府对文化遗产的价值认识不清，尤其对保护利用的方式缺乏全面了解；第二是部分开发商"一切向钱看"，文化品位不高，开发利用过度商业化，导致二次破坏；第三是民众受西方现代文化的冲击影响较大，对于当地自身历史文化的熟悉度、认同感有待进一步加强。

（7）产权制度的差异

在其他国家大部分历史建筑为私有产权，政府鼓励社区自己组织的循序渐进式更新，例如法国设立促进房屋产权贷款，是专门用于鼓励房产主对自己的传统建筑物进行改造的低息贷款。我国很多城市历史街区的建筑由于时间久、涉及面广、存在历史遗留争议等，权属呈现产权多元、产权不清、产权缺失状态，面临难以确权问题，保护历史建筑的责任人和受益人不明确。有些居住者不是业主，也不是代管人，在保护维护、合理利用历史遗产方面积极性不强。

5.4.2 文化导向型旧城再生可持续发展的关键要素

文化导向型的再生项目"是否能够可持续"是一个关键性问题。根据上文中三种策略的优点和不足，可以得出社区型策略是在对以往实践反思的基础上更为优化的策略,具有更为广泛的社会目标,扶持地方产业发展和尊重当地居民需求,是文化导向型旧城可持续再生策略的发展方向。

因此要使文化导向型旧城再生能够获得可持续的效益,有以下三点关键要素。

(1) 文化特色的原真性保留与高质量利用

文化发展是城市综合竞争力的必要支撑,而特色文化则是城市的灵魂。应吸收传统历史文化的优点和精髓,以新思路、新举措来发展特色文化,加快文化资源的创造性转化和创新性发展,打造高质量文化品牌,提高城市综合竞争力。反之,如果把精彩的"自己的故事"庸俗化甚至排挤掉,而演绎"别人的故事",沦为一种千篇一律可以广泛复制的模式,就会造成城市文化特色危机,失去文化特殊性和城市竞争力。

(2) 发展文化生产,平衡文化生产与文化消费

文化消费的相关产业创新度低,易被模仿,一旦出现雷同则吸引力下降,效益也难以持续。文化消费中的旅游服务业、住宿餐饮服务业等不属于高端服务业,对外部客源依赖度高,内生发展动力较小。为了更加可持续的效益,必须发展"文化为基础的生产系统"(Sasaki, 2010),以平衡文化生产和文化消费。即在发展消费项目、服务性行业的同时开展当地文化产品的生产活动,如创意工作室、音乐工作室、电影制作等,以可持续地发展,切实改善当地居民的生活和收入。

(3) 重视普通民众的发展权利,赋予当地居民以发展的能力

在传统的"精英发展"模式中,社会精英控制着发展权和发展资源,主导着社会文化,这样一般民众便会丧失基本的发展权利和发展资源,沦落到经济、政治和文化边缘化的境地,成为旧城贫困的根源(佘高红,吕斌,2008)。如果不重视普通民众的发展权利,这些被边缘化的人口和地区无法获得发展的资源、信息和技术,只能日益贫困下去,两极分化将日益加大。这样的城市更新或许可见一些短期经济效益,却难以获得较好的社会效益,也严重影响发展的可持续性。

因此,要提高居民的自主意识、决策技能和参与能力,提高居民对资

源和社会结构的把控能力及社会行动能力。重视个人的需求、能力、优势和劣势，重视对弱势群体的培训和教育，以便使其在劳动力市场保持长期优势。通过这种方式，从根本上提高旧城衰败地区自我解决问题的能力。

5.4.3 对我国城市更新与再生的启示

大部分中国城市的老城区所面临的问题与西方国家的城市中心所面临的问题存在一定的差别。与西方发达国家相比，中国的旧城更新有着自身的复杂性和特殊性，我国许多旧城既有历史上遗留下来的沉重负担又有发展过程中所必然出现的障碍，交织存在着结构性衰退、功能性衰退和物质性老化等问题。但中国城市的旧城与西方国家的城市中心之间也存在着很多的共同点，如人口老龄化、产业衰败、缺乏活力等，其目标都是寻求衰退地区的长期持续的经济、社会和环境条件的综合提升。发达国家和地区文化导向型的旧城再生给我国今后的旧城再生带来一些借鉴及启示。

城市更新与再生不仅是旧建筑、旧设施的翻新，不仅是一种城市建设的技术手段，不仅是一种产业再开发的经济行为，它还具有深刻的社会和人文内涵。城市不单单是物质空间，同时也是城市人的精神与文化的载体。城市更新是多目标的而不是单目标的，因此对于旧城更新的成果不能仅从物质方面理解或仅从经济方面衡量，城市空间应满足城市人多元的、多层次的社会、文化活动的需求。"文化导向型旧城再生"的目的是使城市不仅从物质的层面，还要从精神与文化的层面成为时代的牵引力。

我国城市大多拥有悠久的历史，老城区的历史文化遗存和历史文化环境是一种十分宝贵的城市资源，具有极高的经营价值。由此，发达国家和地区文化导向型的旧城再生可以为我国富含历史文化底蕴的旧城地区提供参考，尤其对我国历史文化名城具有重要的借鉴意义。在协调历史文化与现代生活的矛盾、处理经济发展与文化保护的矛盾上，文化创意产业能够与旧城区历史街区的空间规模相匹配，并且能使城市功能结构调整与产业结构调整相辅相成。

同时，旧城再生的成功有赖于建立一个有效的再生机制和治理模式。

一方面，政府的积极作用是必不可少的，政府既要运用一些激励性政策吸引私有部门对城市再生的投入、引导相关业态的集聚，又要维护公众利益，扶持创意人才，确保社区公共利益不被商业利益所吞没。另一方面，要有一个包容的、开放的决策体系，一个多方参与、凝聚共识的决策过程，一个协调的、合作的实施机制。只有将社区力量纳入决策与实施的主体之中，与公私权力形成制衡，才能有利丁城市再生多维总体目标的实现，保证效率与公平的统一。重视社区的真正需求，减少社会人文资产的流失，是中国旧城再生政策中必须深入研究和解决的问题。

第6章 实施机制与支撑体系

6.1 实施机制

旧城再生是实现城市可持续发展的重要内容，涉及城市存量资产的维护、运营、管理，强调"政府、市场、群众"等多利益主体的机制协作与利益协调。根据主体的不同，城市再生的实施机制主要有以下五种安排：政府主导型，政府主导下的开发商参与型，开发商主导型，居民主导型，政府、市场和居民三方合作型。

旧城再生实施主体的确定主要指"谁来操作"的问题，是决定旧城再生模式的最重要的一步。旧城再生往往涉及多方利益主体，只有建立一个均衡的利益格局才能实现。可以说，城市再生是投资商、政府机构、社区、非政府组织等投入大量资本、技术和时间的产物。

6.1.1 政府主导型

我国早期的城市更新主要是由政府来承担，通过组建旧城改造发展公司（指挥部），提供旧城改造开发启动资金和融资担保，进行统一改造、统一开发。这种做法的优点是从公众利益出发投资市政设施和公共设施建设，可以在更大程度上得到被拆迁人的支持；从整个城市景观、环境效益和社会效益上按照城市规划的要求进行改造，能够保证改造质量，也能在一定程度上降低改造的成本；积极响应国家政策，探索旧城改造与经济适用房、廉租房的结合，容易得到国家的支持。然而该做法使得政府承担着巨大的资金压力，政府投资巨大，资金成为瓶颈，缺乏市场化运作并且很难使土地市场价值最大化。政府主导的城市更新给政府带来沉重的经济负担，单纯靠政府主导城市更新是不大可能的。

政府主导型模式有一定的适用条件，对于与公共利益直接相关的基础设施、公共空间等公益性的建设项目，适合采用政府主导型。

6.1.2 政府主导下的开发商参与型

政府主导下的开发商参与模式主要是指市区两级政府共同做好居民

的搬迁安置，进行总体规划、土地开发和市政设施建设，然后实行土地招拍挂，由开发商组织进行设计、建造和运营。开发商可以是由一家具有良好的资质、经济实力和旧城改造经验的企业独立完成，或者是分片区由不同的开发商完成。

该做法由政府组织居民拆迁补偿和安置，补偿的资金和安置的措施能够相对妥善地处理；由政府进行总体的规划，在一定程度上可以抑制开发商利益驱动下提高容积率；积极开放投资渠道，社会各界参与到旧城改造中来，社会分工明确。然而，在采用该模式时如果政府调控与管理不当，在经济利益的驱使下，开发商的一些行为容易引发大量的社会、经济和环境问题；如果拆迁费用过高，必然导致土地价格上涨，在一定程度上限制开发商的投资热情。

这种改造模式有利于避免"政府主导"模式中政府无法紧跟市场需求的问题，也能防止"开发商主导"模式中无法有序管控、企业乱开发而造成的商业气氛过度、景区治理凌乱等现象。

该模式适用于以下条件：

①居住型建筑的功能置换。需要通过政府干预和协调来保障原住居民的搬迁、补偿等，以保证居民的利益不受损害，同时需要通过政府引导下市场的参与（如资金投入等）来实现建筑的整治、维护和功能置换的情况。

②文物保护建筑的再利用。需要通过政府组织和监督来保障文物的文化价值、历史价值、风貌等不受损害，同时需要通过政府引导下市场的参与（如资金投入等）来实现建筑的整治、维护和功能置换。

6.1.3 开发商主导型

该模式即完全将亟待改造土地交给开发商去进行整体规划改造，政府不参与，开发商根据自身利益去进行房地产开发。根据城市总体规划，政府划出地块由开发商进行投资，其独立承担拆迁补偿、安置、回迁和商品房建设。我国目前的房地产开发大都基于该模式。

该做法为政府降低了改造风险，减轻了政府投入，同时在一定程度上加快了投资建设进度。该做法通过市场化的渠道，开放了投资渠道，通过行业间的竞争，优胜劣汰，有利于行业的整合，最后也有利于培养一批适应旧城改造项目的企业，成为中坚力量。但是，该做法使得被拆迁户无法参与到改造项目中，如果赔偿安置不妥，容易造成矛盾的激化；另外，由于房地产开发商的介入，使得旧城改造受到市场经济规律的支配，营利往往成为其主要目的，使开发商想尽一切办法去强化旧城土地利用，令土地使用价值发挥到极致，而且房地产开发也有可能超越原有区位、功能的束缚，调整、塑造该区域的产业经济结构。

对于文化保护要求较低且区位价值较大的商业性开发项目适宜采用开发商主导型模式。

6.1.4 居民主导型

居民主导型模式主要指的是自下而上的自组织形式的自我改造更新，优点是通过积极的公众参与，使居民的社区归属感、认同感和现代感不断得以提升，促使城市内部各种资源的有效整合与发挥。但是同时也有资金不足、组织化较低等缺点。这种改造模式一般用于小规模、渐进式的社区更新。

该模式利于小规模的自组织社区更新，长期住在本地区且希望改造后仍留下来的老住户，参与意识较强，积极性较高，同时居民需要建立有效的组织或者机构。建议在政府引导下进行建筑风貌的维护，并且建议政府提供部分资金和技术支持。

6.1.5 政府、市场和居民多方主体合作型

多方主体合作的模式有利于调动多方的参与积极性，并综合了以上几种模式的优点。多方利益主体的合作式参与有利于反映出自下而上的社区、居民和市场的内在发展要求，在政府和市场力量的配合和共同作用下同时充分发挥社区的主观能动性，实现各方利益格局的均衡，有利于提升居民的社区认同感。

另外一个非常重要的方面，就是对居民的居住权或产权的尊重问题，

任何一种再生途径都应取得大多数利益相关者的认可。根据其他国家的实践经验，评价历史文化街区保护成功与否的很重要的一个指标就是原住民的回迁率。因此要有居民的参与，说服居民接受历史文化风貌保护的方法和理念，并达成充分的共识，有利于实施过程的和谐。

对于目标是保存生活原真性、文化原真性，以居住功能为主，同时需要进行建筑功能置换再利用的历史文化街区，政府、市场和居民的合作模式体现了对原住居民去留选择的尊重，有利于保存街区的文化原真性和生活活力，不至于使其成为纯粹的商业区。市场的参与使得建筑的市场价值最大化，市场活力是地区活力的重要体现，同时政府的协调和引导也对旧城再生起着总体把握的角色。

6.2　法律法规

城市更新与再生牵涉多方面的法律关系：在主体上涉及政府、土地和房屋权利人、开发商等多方面主体；在程序上囊括更新区域划定、启动条件设定、申请、批准、规划和容积率调整、土地征收或征用、土地开发、建造等若干环节；在权利义务内容上，不仅涉及民法上的财产权保护和处置，更重要的是基于行政行为所产生的权利义务关系变动。因此，传统民法和行政法均无法单独完成对城市更新法律关系的调整。如有学者所言，"法律制度是人们发生相互关系的指南"。而城市更新所伴生的一系列新型且复杂的权利义务关系，同样需要法律的明确指引与保障。鉴于此，建立并完善旧城治理的相关立法，已成为当前我国新型城市化进程中亟待解决的问题。

我国城市更新由于实践时间不长，在法律制度层面尚无专门针对城市更新的单行法。大体而言，当前我国城市更新直接的法律、法规依据仅限原则性规定，主要有三：一是《中华人民共和国城乡规划法》（以下简称《城乡规划法》）第31条关于旧城区改造的原则性规定，即"旧城区的改建，应当保护历史文化遗产和传统风貌，合理确定拆迁和建设规模，有计划地对危房集中、基础设施落后等地段进行改建"；二是《中华人民共和国土地管理法》(以下简称《土地管理法》)第 43 条就建设用地的范畴、使用程序等原则性规定,即"任何单位和个人进行建设,需要使用土地的,必须依法申请使用国有土地""国有土地包括国家所有的土地和国家征收的原属于农民集体所有的土地";三是《国有土地上房屋征收与补偿条例》第 8 条关于危房及旧城区改造的征收规定,即"政府依照城乡规划法有关规定组织实施的对危房集中、基础设施落后等地段进行旧城区改建的需要""由市、县级人民政府作出房屋征收决定"。总体而言,现有国家部门法律、法规缺位,当前各地城市更新的法治化主要依靠地方政府规章,甚至规范性文件。地方政府规章及规范性文件位阶层次低,效力偏弱,所涉及的各领域权利义务规范,存在与上位法发生冲突及程序法定难保障两方面的问题(朱海波,2015)。

  西方发达国家在推动城市更新与再生的发展过程中始终注重完善法制框架,不断规范和引导各方主体行为。早在 1940 年代,以英、美为代表的西方发达国家就在相关法律中对城市更新作出了规定,并在实践发展的过程中积极推动相关法律的制定与完善,逐步形成了涵盖建筑(住宅)、社区、街区、城市各尺度,涉及开发、建设、发展、自然环境与历史保护等内容的相对完善的法律体系,在相当程度上减少了更新过程中政府决策的盲目性和错误率。到 1990 年代,西方发达国家已基本形成了相对完善的有关城市更新的法律框架,但不同国家的立法进程不尽相同。以英国为例,1940 年代通过《城乡规划法》和《综合发展地区开发规划法》对早期的城市更新运动进行总体规范和引导。后为适应物质更新时期的特点,进一步细化颁布了《城市再发展法》《历史建筑和古老纪念物保护法》等。在城市更新从物质更新向社会问题综合应对转换的过程中,英国于 1970 年代颁布了《住房法》《内城地区法》等,对更新过程中的居民就业、住房、教育、交通等问题予以高度重视。1980 年以后,随着更新中市场力量和基层社区力量的介入,英国又通过《规划和土地法》《地方政府法》等明确政府、开发公司和产权人的责任与权利,并统筹安排财政资金等[1]。法国在 1950~1960 年代出台了《城市更新基本法》《城市

---

[1] 江苏省城乡发展研究中心. 城市更新系列研究:(一)西方发达国家城市更新制度政策回顾. http://www.upnews.cn/archives/57965. 2018年11月.

更新土地计划住宅基地取得法》，在1960~1970年代出台了《居住宅区改良法》《居住环境改善法》《马尔罗法》，2000年出台了《社会团结和城市更新法》，更倾向于解决社区贫困问题、关注社区历史价值的保护和生态安全的维护，将社会融合作为解决隔离问题的公共手段。

我国在城市更新的规划制定和实施方面应建立一整套较为完备的法规和制度，加强对城市更新的立法和监督机制，如规划制定前的调查制度、公开听证制度以及对城市规划和拨款的立法程序等。城市更新规划经批准后，要严格执行，体现规划的法律地位。尤其需要尽快完善历史文化地区和历史文化名城的立法工作，通过制定法律法规，明确保护的基本原则，明确历史文化名城、历史文化街区应保护的主要内容，保护规划编制与审批的基本程序和建设管理规定，以及专项保护资金的设立，保护工作的监督检查与法律责任等。

专栏1 法国和日本针对历史街区保护利用的法律法规

案例一：法国《马尔罗法》

1962年法国颁布了关于保护历史街区的法令——《马尔罗法》，首次提出了"历史地段"的概念，并要求特别制定历史地段的保护与发展规划，作为历史遗产保护的基本方法和管理原则，指导老城区整治和策略调整，实现历史地段遗产保护与现代化发展之间的协调。通过立法对历史街区进行保护，将有价值的历史地区划定为历史保护区，制定保护、利用规划，纳入城市规划严格管理。对区内建筑不准任意拆除，维修、改建等也要经过"法国国家建筑师"（ABF）的咨询、评估和同意，国家对符合规划要求的修整给予资助，并享受税赋减免优惠。

在此之前，法国的历史文化遗产保护的法律主要是针对历史建筑物和其周边环境的保护。作为补充和延伸，该法还提出了"保护区"的制度，国家根据建筑、艺术、历史、人文等方面的标准进行鉴定后强制确定和设立"保护区"，并且明确提出要制定一个长期的保护和实施的规划，通过这个规划对该保护区进行细致深入的全面研究，在充分考虑所有必要的美学、技术等方面的因素后，确定具体、深入的可以实施的保护和整治措施。

《马尔罗法》颁布后，法国在中央主管建筑的部委下成立了"保护区全国委员会"，负责保护区的保护政策以及讨论有关保护和实施价值规划的制定、修改和审核。在地方，所有的工程项目甚至包括室内改造工程都必须经过法国国家建筑师的同意，以确保保护的原则不受地方利益左右。法国国家建筑师并不是指通常意义上的建筑业执业者，其代表国家保证对历史文化遗产的保护，是一级国家机构，主要负责检查每一个新建或改建项目是否符合保护历史文化遗产的要求。没有其同意，不能在历史文化遗产范围内进行任何建筑外观和空间的改变、新建、拆除等。目前法国有约200个具有文物建筑工程资质的国家建筑师，专门代表国家部门负责管理文物古迹和历史建筑的保护修缮工程，处理相关事务。

案例二：日本《文化财保护法》

日本在保护与合理利用历史街区方面做了很多努力。在1950~1960年代的建设开发中，日本兴起了"拆旧建新"的风潮，于是制定了《文化财保护法》，不过当时只规定保护零星的文物，没有提到历史街区的概念。到了1975年，随着大片的历史街区逐渐消殒，日本人开始意识到保护生态环境只影响到人的肌体，保护历史环境却涉及人的心灵，而且保护整体的历史老街才能延续文物的价值，于是修订了《文化财保存法》,增加了保护"传统建筑群"的内容。现行的法律规定，"传统建筑集中，与周围环境一体，形成了历史风貌的地区"应定为"传统建筑群保护地区"加以保护，先由地方城市规划部门通过城市规划确定保护范围，然后制定地方的保存条例。国家择其价值较高者定为"重要的传统建筑群保存地区"。

这项法令可谓事无巨细,它规定"传统建筑群保存地区"中一切新建、扩建、改建及改变地形地貌、砍树等都要经过批准。要由城市规划部门做保护规划，确定保护的对象。要列出详细的保护清单，包括对构成整体历史风貌的各种要素制定保护整修的计划，对"传统建筑"进行原样修整，对非"传统建筑"进行改建或整饬，对一些严重影响风貌的要改造或拆除重建。规划还要做出改善基础设施、治理环境、消防安全、旅游、展示、交流、停车等方面的有关措施计划（沙扬，2013）。

6.3 资金来源

城市更新与文化遗产保护需要大量的资金投入。资金来源一般有通过政府财政支持运作的途径，有通过地方机构和政府的补贴来筹集改造资金的途径，也有利用私人和社区资金包括发展基金、政府部门的资助以及各社会经济团体投资的途径。资金来源一直是限制旧城更新和文化资源保护利用的关键性问题。各地积极拓宽融资渠道，通过政策优惠、导入市场机制、引入民间资本等方式来缓解资金压力，并且取得了一定成效（周杨一，2018）。

社会资金的引入不仅可以扩展经费的来源途径，还可以发动广泛的社会力量，让全社会都参与到旧城的保护与利用中。社会资金来源除了社会机构和个人的捐款资助之外，债券和基金也是可行之路。从世界范围内来看，城市更新与文化规划实施的资金大部分都来自于政府的公共资金以及不同的基金组织。政府支持与刺激社会力量投入的手段包括财政补贴制度、税收优惠、政府的开发权转移与容积率奖励、成立城市开发公司等。我国在城市更新过程中可建立多种融资渠道，降低融资风险，从而在资金上保证重建工作顺利开展。

专栏2 城市更新与再生的多元化融资渠道

案例一：美国城市更新有关税收政策

美国城市更新的资金来源主要是基于税收。一种是税收增值筹资（TIF），是州和地方政府使用的一种融资方式，目的为在特定地区吸引私人投资，促进地区再开发。税收增值筹资通过发售城市债券的方式筹得的资金可以用于改善公共设施，也可用于向私人开发商贷款进行划定区域的建设。城市债券通过 20~30 年期的地产税收入来偿还。另一种是商业改良区（BID），是基于商业利益自愿联合的地方机制，征收地方税为特定地区发展提供资金来源。商业改良区是一种以抵押方式开展的自行征税，通常用于划定区域物质环境的改善。

案例二：英国文化遗产基金

其他国家文化遗产基金来源主要分为三类：会员会费收入、捐赠收入（捐赠和遗产赠与）和运营收入（投资收入、贸易活动收入、募捐晚宴收入及其他活动收入）。以英国艺术基金会为例，该基金会是世界文化类基金运营成功的典范，是一个涵盖了文物保护及博物馆相关业务的英国最大的文化艺术、文化遗产类基金会。该基金会 2013 年总收入为 1055.8 万英镑。在基金会多项收入来源中，会费收入占比最大，其次就是捐赠费用以及投资收入。

案例三：法国旧城更新的专业化投资公司

法国公共部门完全或者部分投资城市建设、基础设施、居住、活动场所或者公共空间。例如，巴黎市政府的做法是市政府出资获得 51% 的股份，与私营公司合资成立一个旧城更新的专业化投资公司。政府为该公司提供信用担保，该公司从银行贷款取得主要的改造资金。另外，私人投资者可在市场条件下投资大部分的城市建设活动，但是依附于公共部门的决策。

6.4 人才培养

城市非物质文化遗产的传承及旧城传统特色产业的振兴，特别是手工艺与餐饮服务业的特色产业的振兴，其核心问题是传承人、技术持有者的延续与发展。人作为文化的创造者、承载者和传递者，在城市特色文化的保护与发展中起到核心性与基础性作用。因此从长远来讲，应当将人的培养作为重中之重。

在后工业社会和创意时代的经济增长中，人力资本的作用大于物质资本的作用。创意在经济发展中的地位与作用越来越明显，创意正在逐步主导人类经济的历史舞台。创意时代是人力资本发展进入高级形态的新时期，衡量社会人才的标准以知识和文化以及由此而产生的创意能力为核心。

文化导向型旧城再生要制定具有针对性和操作性的创新型人才引进政策和培养方案，大力吸引和积极培养符合地区需求的各类创新型人才。一是建立以中小规模企业、个人为主体，以市场为导向，政策合理引导的人才机制；二是设立"专项基金"，专门用于支持有关人才的引进、培养和奖励；三是鼓励企业、机构设立创新型人才基地，支持符合文创产业发展实际需求的人才引进；四是政府提供空间与用地支持，包括众创空间、展览空间、培训中心、艺术孵化器等；五是营造产业发展、人才集聚的软环境，包括支持本地艺术家作品展、组织创意专业培训、举办国际论坛、帮助创意人才开展国际合作等。

专栏3 毕尔巴鄂对本地艺术家的支持政策与行动

（1）积极展示本地艺术家作品，强化本地艺术形象

在毕尔巴鄂古根海姆博物馆起步阶段，其临时展览和本地收藏品中都缺少本地艺术家的作品。为弥补这一缺憾，古根海姆博物馆组织了多个面向本地艺术家的大型个人作品展，如克里斯蒂娜·伊格莱西亚斯（Cristina Iglesias）作品展（1998年）、爱德华多·奇利达（Eduardo Chillida）作品回顾展（1999年）、包括6名巴斯克本地和其他西班牙地区艺术家作品在内的展览"被闪电击伤的高塔"（The Tower Wounded by Lightning）（2000年），以及豪尔赫·奥泰萨（Jorge Oteiza）作品回顾展（2004年）。2007年10月，古根海姆博物馆举行了10周年庆典，不仅举办了"美国艺术：300年创新史"的展览，还举办了由当代地方艺术家创作的一组特定场地现代雕塑展览。

在永久性藏品方面，古根海姆博物馆的藏品共包括 64 位艺术家的作品，其中 25 位是西班牙人，这其中又有 15 位是巴斯克人。虽然本地艺术家的作品展示仍很有限，但古根海姆全球基金会的支持和古根海姆博物馆的形象必将有助于传播和强化巴斯克和西班牙艺术在世界范围的形象。

（2）打造创意空间和孵化器，加快艺术家集聚

过去的 20 年中，在毕尔巴鄂诞生了数个支持创意产业发展的私营和公共部门的行动方案，其范围涵盖了艺术制作中心、公共展览空间以及创意专业培训中心等。

其中一项行动是创立毕尔巴鄂艺术馆，即一座"艺术孵化器"（Lee, 2007）。在毕尔巴鄂市议会支持下，毕尔巴鄂艺术馆于 1998 年开始运营，比古根海姆博物馆的开馆时间（1997 年 10 月）略晚几个月。它向年轻的创作者提供实现其艺术理想所需的工具、设施和工作条件，例如工作室空间、工作车间、数字图像处理、雕塑、摄影、电影布景、文件管理中心和放映室，几乎涵盖现代艺术实践所需的全部设施。1999~2010 年，毕尔巴鄂艺术馆通过 231 笔奖学金对青年艺术家给予了经费支持。

（3）与国际知名院校合作，帮助本地艺术家融入国际创意网络

毕尔巴鄂支持创意活动的私营部门的行动中具有代表性的是"中央比斯开创造力"（Creativity Zentrum Bizkaia）。"中央创造力"是一家旨在推动比斯开地区创意产业成长的研发企业。它的目标是创立文化经济活动的新中心，通过建立城市的国际性链接来促使毕尔巴鄂融入国际尺度的创意网络（Creativity Network）之中。"中央创造力"与纽约电影学院、伦敦时装学院、利物浦表演艺术学院、国家影视学院等国际专业机构约定协助组织相关课程和培训活动，并组织关于创意产业的国际论坛"比斯开创意"（Bizkaia Creaktiva）。由毕尔巴鄂商会和美国迪吉佩恩理工学院（Digi Pen Institute of Technology）创立了更为具体的行动方案，即设立迪吉佩恩理工学院欧洲毕尔巴鄂分校，这是一所致力于推动视频游戏和动画部门创新的院校。这一新机构的成立促进并强化了毕尔巴鄂与行业

领先的跨国企业之间的联系，吸引商业活动和技能型工作者，促进区域创新发展并鼓励创意创业者（唐燕，2013）。

6.5 产业政策支持

旧城之所以走向没落，物质环境衰败只是表象，产业萧条才是最主要的原因之一。旧城更新是一个综合问题，物质空间环境的改善无法替代产业升级、转型给旧城带来的源源不断的活力。产业置换升级是盘活存量、活力再生的主要手段和现实对策。

产业政策是政府为了实现一定的经济和社会目标而对产业的形成和发展进行干预的各种政策的总和，通过弥补市场缺陷、有效配置资源、保护幼小产业的成长，引导产业发展方向，推动产业结构升级。同样地，公共部门对新兴创意行动的支持，无论是源自商业性的还是非营利性的考虑，都有可能形成催化剂，经由不同的复杂途径促进创意活动的发展。对创意产业发展的公共支持，所面向的是传统和现代创意产业中的创造型人才，并在企业和人之间建立协作联系。其他做法还包括开展产业布局规划、制定产业业态导则、引进专业运营团队等。例如深圳市福田区《关于城市更新片区产业支持专项政策》中提出，按照规划产业布局，其产业分为"鼓励发展类""允许发展类""限制发展类""禁止发展类"，对辖区城市更新单元内的企业视情况予以支持、引导或清理。北京市南锣鼓巷地区管理委员会通过大力支持引入文创类业态入驻，关闭、转型低端业态，使该地区出现了更多主打文化创意和老北京特色的店铺。

专栏4　毕尔巴鄂的产业支持策略

毕尔巴鄂城市发展部门的战略规划中，创意产业属于优先支持的领域，其最终目标是将毕尔巴鄂转变为欧洲中等规模城市中重要的创意中心。除市级层面对文化发展的常规支持外，还有两项行动来达成这一目标。

战略层面上，在比斯开省政府的支持下，公私合作团体"Bilbao Metropoli-30"启动了一个计划，旨在拓展并提升"毕尔巴鄂创意指数"。在计划开展过程中组织了很多关于"创意"的圆桌会议和战略研讨会，参与者包括来自创意产业以及其他社会经济领域的其他利益相关者，例如游客、信息通信技术部门、旅馆和餐饮服务业部门等。

此外，除城市中心区的创意集群阿班多尔巴拉和先锋派的"老毕尔巴鄂"之外，市议会及其地方发展局规划了一处全新的"创意地区"。依照扎哈·哈迪德的总体规划，在废弃的工业半岛地区 Zorrozaurre 的核心地区，将开发形成全新的以专业服务、知识活动和创意产业为主导的地区"KREA Bilbao"。项目将筹划建成新的创意增长极，并特别面向来自毕尔巴鄂和国外的年轻创意人才。

6.6 管理监督

基于城市公共利益需求的城市更新在操作中也会产生巨大的利益空间，需要进行公共利益与私人利益的再平衡。要不断根据城市发展、内部经营状况进行持续的调整，不仅包括历史建筑修缮、文化景观保护等，也要对内部经营业态结合文化产业升级、特色风貌要求和市场消费需求变化进行调整。城市再生要按照市场主导与政府调控平衡发展的思路（缪春胜，等，2018），实现政府力量和市场力量的更好协同。

6.6.1 政府的角色与职责

纵观各地城市再生与历史街区保护管理实践，政府所能发挥的作用是任何社会组织与个人都无法取代的。政府在保护管理中正确定位自身角色，要解决的是"政府—学者—社会—居民"四者之间的关系。政府在规划的审批、政策的制定、工作的推动中，必须把保护原住民放在首要位置,应该更多地把人的因素放在首位,才能实现文化传统的延续以及文化内涵的丰富。

政府的主要职能在于监管与调控。一是加快相关法律和法规的制订;二是严格执行监管流程,从历史地块交易到建筑改造,从市场准入到业态升级,监管部门须密切关注、严格监管;三是积极履行调控职责,确保问题及时整改,引导城市更新有序进行;四是严格处罚违法违规行为主体,对在历史建筑保留保护方面有"前科"的企业与个人等,建议设立"黑名单",禁止其再进入市场。

同时要注意合理使用市场手段。允许社会力量、民间资本参与城市更新,利用市场机制推动文化遗产创新利用。将动员和组织多元社会力量参与作为政府的职责之一,构建多方参与的城市更新与遗产保护体系。

专栏5 北京南锣鼓巷风貌管控与业态调整的成功实践

随着南锣鼓巷成为"北京旅游十大必去景点",日均人流量早已过万。经济增长的同时,南锣鼓巷及周边地区景观风貌和产业发展问题日益突出。一是违法建设,个人擅自对房屋进行加建和改扩建,缺乏合理设计和规范施工,破坏历史建筑原有结构;二是业态层次较低,不少出租和经营行为未经许可,缺少规范化的管理,且易成为城市"藏污纳垢"的场所;三是文化风貌环境恶化,严重破坏了城市的景观形象,形成"脏、乱、差"顽疾。

2016年底,北京首个关于风貌保护的管控导则——《南锣鼓巷历史文化街区风貌保护管控导则》正式发布并实施。南锣鼓巷地区在整体保护的前提下,进行小规模、渐进式有机更新,严禁大拆大建,逐步拆除违法建设。对街巷尺度的建筑格局、形式、体量、高度、材质、做法、墙面、屋顶、台基、门窗、门楼形式、装饰构件、院内绿化等20多项内容都做出明确规定,并采取附图方式,对比正确做法和错误做法,居民一目了然。产业业态方面,通过关闭、转型等方式,将主街235家商户缩减为154家,关闭无证无照商铺28家,清理"一照多店",由92家合并为39家,转型10家低端小吃类业态,摒弃了过多过滥的铺面,并大力支持引入文创类业态,出现了更多主打文化创意和老北京特色的店铺。为了恢复、保护南锣居民的"安静生活",南锣鼓巷地区主动取消了3A级景区,并不再按照景区标准进行硬件和软件等方面的建设。老街经过"换装",在回归胡同原本风貌的同时,更有特色文化韵味。

南锣鼓巷通过政府管控,成为国内历史街区理性回归文化本色、"可持续再生"的典范。从更新策略实施后的总体效果来看,南锣鼓巷街区的外部环境有了明显的改善,同时街区内经济、社会、文化等深层因素也都得到了良性发展。尤其是在街区旅游极为火爆的形势下,为更好地保护文化资源和可持续发展,当地政府保持理性,"拒客摘牌"并发布实施《南锣鼓巷历史文化街区风貌保护管控导则》,在历史街区更新的实施评估和动态调整领域处于国内领先地位。

6.6.2 社会力量的角色与职能

市场化的运作提高了资源配置的效率,越来越多的国家将市场化机制、社会力量引入旧城再生及文化遗产的运营、管理过程中,例如基金会管理制度、第三方专业机构管理制度等,社会资本参与形式可以包括社会各方参加的基金会、私营企业、私人投资等,也可以是专家、居民、社团等。第一,可以缓解政府压力,避免政府因人力、物力和财力压力而影响改造进程;第二,有原住民的参与和行动才可能真正做到以人为本的管理,其行为、习惯、风俗的保留,有助于文化传承;第三,因旧城再生中的文化遗产保护、规划、管理是专业性很强的工作,学者、技术专家等专业人员的参与有助于从专业的角度提供智力资源与决策参考。

市场化的运作有其自身的优势,但市场并非万能,常常也会出现"失灵"的状况,这就需要有效的政府调控介入。

专栏6 发达国家历史地区文化遗产管理主体由国家主导向民间驱动转变

案例一：日本"有形文化遗产登记注册制度"

日本政府意识到仅由国家层面选定文化遗产进行保护，在广度和弹性上都有所局限，于是开始引入由地方和民间团体、遗产保有者提出申请，对符合条件的文化遗产予以登记注册的制度。平日的维护工作仍由地方、民间团体或保有者进行，政府根据情况给予一定的经费资助。

在有形文化遗产注册制度中，注册对象是具有50年以上历史的建筑物，包括住宅、事务所、工厂、神社寺庙、公共建筑等。此外，部分土木构造物，例如桥梁、隧道、堤坝，甚至烟囱、隔墙都被包括在内。作为对申报者的支持，国家在地价税、遗产税等方面有30%~50%的优惠，在维护和修理经费上给予50%的补助。日本文化厅发布了详细的图文说明，强调注册制度的弹性。以事务所为例，更换招牌、窗户、加装排水管、局部改建，甚至改成咖啡厅都无须提交申请，可以自行决定。仅仅在进行较大的外观变更、所有人变更或者因自然灾害等原因严重受损时，需要提交申请或者报告。这种制度得到了广泛响应，截至2014年8月底，已有9618件有形文化遗产进行了注册。

这种文化遗产登记注册制度弥补了以往认定中的遗漏，以往的认定虽然也采纳民众的意见，但毕竟是以官方意见为主。采用该种注册制度进行申报，可以最大限度地避免遗漏现象。同时，实现了文化遗产保护利用的民间主导转向。

案例二：意大利"领养人"制度

意大利为进一步开发文化资源产业，从1994年起，一些博物馆、古迹、遗址等逐步从国家交由私人资本（领养人）管理。但国家仍掌握所有权、开发权和监督保护权，其重要人事任免、票价、开放时间也由国家文化管理部门决定。租让时间根据文化遗产的重要程度确定,但不能超过99年。2002年10月又开设了一个特殊的交易所——文化遗产和可持续旅游交易所,将需要修复的文物古迹及其所需资金数额进行公示,进一步规范了"领养人"制度。

6.7 社团作用

协会、社团是非营利的公益性、专业化组织,是有关活动的组织者、行业文化的培养者和塑造者,还能够发挥桥梁和平台作用,加快城市更新。特色行业协会和文艺社团不仅能够完善特色产业的发展方式,同时也有利于产业人才的培养。

在城市更新文化遗产保护中取得显著成绩的国家都非常注重发挥民间社团力量。对于政府来说,文化遗产保护工作只是其社会职能的一小部分,而且政府的精力也是有限的,不可能做到事无巨细,于是,国外有很多民间文化遗产保护组织在旧城文化遗产的保护利用方面发挥出重要作用。例如法国、英国、日本等国家在历史街区文化遗产开发过程中,采用了当地政府与当地社区、社会团体合作的方式,例如日本有大量的民间保护团体,非常热衷于举办各种展览等活动。通过合作管理机制,协调多方面的关系,采用协同治理的方式,调动专家、学者、文物爱好者及原住民力量,整合学校、媒体、旅游产业资源,共同提高历史地区的形象及影响力。

我国也应充分重视并发挥社团组织作用,大力培育以公益性为主的专职社会机构和民间社团组织,鼓励和支持原住居民及有关机构、院所成立机制健全、彰显文化特色的社团组织,同时充分发挥商业组织、社区等的作用,多渠道保护与利用城市文化遗产资源,形成政府与民间组织有机协作的模式。政府作为公共利益的代表,主要发挥监管约束作用、导向作用和扶持等功能,给予遗产保护与开发在资金和政策等方面的支持,而民间组织则具体履行有关职能。由协会、社团组织常态化地开展文化活动、艺术周、文化节等,使民间艺术活动成为旧城文化传承力量之一和吸引游客的亮点之一。这样既能增强旧城、历史街区的文化活力,也能提高居民的收入水平。依托社团组织凝聚一批志愿者,深入实施文化遗产传承活动,开展代表性传承人汇演、组织系列讲座等。推进政府购买服务常态化,对符合文化产业和文化事业发展需要的社会组织,通过政府购买服务的方式予以重点扶持。

专栏7 日本传统工艺品产业振兴协会的功能与作用

日本1975年成立传统工艺品产业振兴协会(传产协会),在经济连续不景气的情势下,协会仍拥有20万从业人员,年产值达4千亿日元。传统工艺品产业振兴协会是以《传统工艺品产业振兴法》为基础,以促进传统工艺品产业振兴为核心的机构,也是一个得到国家、地方公共团体、产地等出资的财团法人组织。它将日本传统工艺品产业视为传承日本传统生活文化的产业,一方面促进各个工艺产业携手合作,另一方面增进国民对产业振兴的理解与支持。传产协会的资金主要来自国家、地方公共团体、企业、传产协会会员四个方面。

传产协会主要职能包括以下方面:

①通过调查、研究,为各产地传统工艺品的生产经营提供信息,不断开拓需求市场。

②让产地与消费者直接对话,设立全国传统工艺品中心和传统工艺品信息网。

③通过认证、奖励等方式,提升从业者的素质和地位,确保产业后继有人。

④通过宣传活动,推进传统工艺文化不断渗透于现实生活中,并成为人们心理的一种文化需求(赵云川,2016)。

传产协会为日本工艺成为一种永葆生命活力并与时俱进的"活态"文化作出了重要贡献。传产协会开展传统工艺振兴事业,是日本官民一体振兴传统工艺的重要形式。

第 7 章 文化导向型旧城再生的方法体系

本研究在梳理总结有关理论、案例经验的基础上，采用城市规划的视角，归纳提出文化导向型旧城再生从策略选择、规划管治到落地实施三个层次的方法体系（图7-1），形成彼此独立而又互相联系的有机统一整体，为旧城再生的实践活动搭建框架与指明路径。

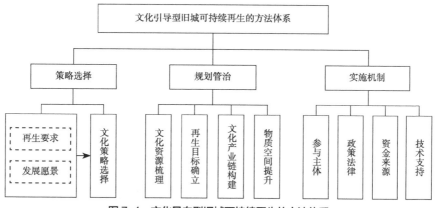

图7-1 文化导向型旧城可持续再生的方法体系

7.1 策略选择

7.1.1 各类功能区的再生要求

城市再生的对象主要归为以下四类城市功能区：居住型历史文化街区、旧城商业中心区、工矿区、居住小区。其各自的文化资源禀赋、数量不同，文化传承和文化再生的意义也不同。

居住型历史文化街区内主要的物质文化资源包括文保建筑、一般历史建筑和街区整体环境。分类保护和更新是较为常见的做法。近年来业界对历史建筑的态度突破了单纯的保护，对其合理利用范围进行了拓展，使得历史建筑可以成为文化导向型再生的重要物质载体。应注重保持传统的空间格局、整体环境和文化氛围，并尊重当地居民的生活样态，寻求文化传承的可持续发展。

旧城商业中心区是经济和商业相对周边更为发达的市区地带，旧的城市中心区一般是货栈、商行云集的区域，有些与现在的CBD相类似。对这类历史地段的整治目标更侧重于动态的保护和开发,将古建筑的维修更新、基础设施建设、环境整治与商业空间发展有机结合起来。结合商业服务功能要求建设绿地广场、布置环境景观;更新历史建筑的内部设施,并作为中心区的文化标识,提升商圈的文化品位;对老字号店铺进行修缮提升,作为商区的个性特色和吸引人气的亮点。

工矿区的城市更新,曾经是一个与文化无关的话题,而仅仅是一个城市旧区的重建问题。但自从德国鲁尔区成功地走出工业遗产与文化结合的再生之路以来,城市工矿区的文化内涵被重新发现并且逐步成为重要的城市文化资源。高大破旧的厂房、锈迹斑斑的机器被视为工业化历史时期的载体和标志。这些工业化时期的产物被赋予了新的文化功能,用以举办各类受当代人青睐的创意文化活动。

城市旧居住小区是在长期的历史发展过程中逐步形成的,虽然物质环境落后急需整改,但也具有一定的文化积累。推倒重来、忽略社区文化的更新模式是当前旧居住区改造的普遍现象。在更新的同时,考虑延续旧住宅区居民生活习惯、维护旧居住区社区氛围,有助于保留一定的原住居民数量,维持城市社会的稳定,使"普通百姓生活得更有尊严"(戴奕,2010)。因此除了提升原有建筑和设施的使用性能之外,对于其社区居住文化等也应有所考虑,并赋予其时代的气息,使其适应时代变迁和环境变化。

7.1.2 再生的发展愿景

(1)社会和谐,文化进步

文化导向型的旧城再生中,培育地区的文化自信和社会凝聚力,树立文化、社会自强的精神,是非常重要的发展愿景。这就有关于文化定位——谁的文化、怎样的文化,有关于旧城主体的定位——谁来开展旧城的再生,为谁进行旧城的再生。

由于全球化所带来的文化趋同现象,加之国人对"国际式"的向往与追求,中国优秀的传统建筑文化由于缺乏经济的有力支撑,难以抵御西方强势文化的冲击的现象是存在的。中国城市应该看到保持自身文化空间对于其参与全球竞争的重要意义。一方面,要保持自身深层的文化传统不受破坏,另一方面,城市既包含过去的历史更立足当代的现实,创作决不能脱离时代。因此,对于市民世代居住的旧城社区来说,其发展定位必须具有历史文化底蕴,同时也应是根植于社区、生活气息浓厚的。这类地区最重要的文化遗产便是当地社区的可识别性。文化导向型旧城再生项目是否成功的评判标准之一是能唤起当地居民多少归属感,项目在多大程度上融入了这种归属感,是否平衡了历史与现代发展。对于旧商业区和工业遗产的再利用,则更需要积极吸纳新的文化要素,建成富有活力的多元文化体系,满足日趋多样化的文化需求。

(2)功能提升,经济复兴

另一个发展愿景,是地区功能的延续和提升、地区经济的活化与升级。应突破物质规划的范畴,从功能和空间互动的视角出发,通过城市功能的延续和提升促进旧城空间的再生。文化导向型旧城再生中的产业发展关注于文化及其相关产业,一方面强调城市能够提供充足的文化产品及文化设施供应,一方面推动城市对文化产品及文化消费的需求。在供应层面通过文化生产来提供就业机会,创造经济财富;在需求层面通过相关的发展建设使居民产生文化消费需求,并且吸引外部的需求,产生吸引投资、吸引人才的良好环境,经济建设也随之崛起。文化投资的潜在价值是地方精神的抚慰与新生,这不仅可以复兴经济,更重要的是可以增强地方认知、重塑地方文化。

7.1.3 再生策略的选择

对于文化策略类型的选择,可以说是因地制宜地探寻发展与保护的平衡点。

旧城区中如何保护历史建筑、继承历史文脉是个难题。若只讲"保护",居民拥挤不堪的生活条件和地区破败的形象无法改善,文化遗产失去往日的风采,空谈保护又有多大意义?若只讲"发展",开发改造中的市场运作则将是大拆大建和房地产开发,历史建筑和文化脉络将遭到极大破坏。

随着文化的生产力转向，"文化"成为协调保护与发展、平衡社会与经济效益的极佳的切入点。对于不同地区旧城再生的文化策略，可以根据当地文物建筑的等级数量，在保护的基础上，按照各地不同的区位及功能区情况，选择最适宜的发展策略。

旗舰型策略较适合发达地区的大城市中心商业区，这些大城市的中心城区主要发展第三产业，且有很高的文化消费市场需求；商业中心区和工矿区再生可以采用旗舰型和创意型策略；在居住型为主的旧城区和旧居住小区可以采用社区型和创意型策略。

7.2 规划管治

7.2.1 文化资源的梳理研究

文化资源的梳理研究是确认和绘制当地文化资源的过程，为当地特色文化定位、文化导向型再生策略的选择、文化产业发展、文化载体保护、文化设施建设、文化品牌构建等提供基础资料。

文化的发展在很大程度上取决于与当地社区、当地特色、地方场所感的紧密结合，强调因地制宜。深入、长期的调查研究很重要，是理解当地地理历史特殊性的唯一方法。只有对文化内涵进行全面而深入的解读，对场所的文化体系成竹在胸，才能给出切实有效的保护及再生策略。现状调研应收集的信息包括社会经济、物质及非物质文化资源、文化需求、社区活动及可合作伙伴等方面的现状。

此外，外地人看来很普通的一处开放空间或建筑可能对于当地人来说却是有记忆、有故事的场所，因此对于文化资源的确定不仅需要实地踏勘、收集资料，还需要与当地居民交流访谈。

对于研究地区文化资源的把握应当挖掘和保存地区固有的历史与文化，但这并不意味着简单地保留，为了对旧城再生的相关人群产生吸引力，在必要的情况下可以在地区固有历史文化的基础上引入新的要素。如果能够创造出新的魅力点，旧城再生成功的可能性将会更高。

7.2.2 发展目标的研判与制定

从现存历史资源分析入手,寻找街区的特征和特色,进行再生策略的选择。运用 SWOT 分析方法,确定当地文化的优势劣势、所面临的机遇和挑战,并考虑地区间和地区内不同文化资源之间的竞合关系,从而找出当地文化最突出、最有吸引力的特色,确定文化发展的定位,打造文化集群。将文化力作为旧区整体提升的驱动力,将文化个性作为旧区重要的竞争力,将文化作为凝聚、动员社区的精神力量,兼顾社会、经济、环境的发展,制定旧城再生目标。

在目标研判过程中,传统的研究方法主要采用问卷调查法、访谈法等对研究区域进行基本的了解,同时采用形体学的方法对区域内的道路、公共空间、环境、建筑等进行分析。未来应结合现代科技手段,拓展研究的方法与技术。如运用 GIS、空间句法等对改造地块进行量化分析研究,运用社会网络方法等复杂网络方法对改造地区居民社会网络进行量化分析,采用社会文化网络分析方法支撑跨区域文化线路研究,采用计算机学习技术提取和识别城市特征元素。最后结合调研中识别出的其他问题,将产业发展、设施更新、环境治理、景观提升等与文化发展统筹考虑,以文化来带动旧城的功能提升和空间改善。

7.2.3 文化产业链的构建

文化产业链是主导文化产业及其相关文化产业所构成的文化产业群,是由多个相互连接的产业共同组成的一个完整的产业系统,主导产业与相关产业的地位是动态变化的,因此产业链上的各个产业也是变化的(刘旭东,2012)。一方面应重视文化产品的供应,即强调能够提供充足的文化产品;另一方面应重视对文化消费的刺激,即推动城市对文化产品及文化消费的需求。

文化产业发展需要这样一个完整的产业链支撑,才能产生规模效应和互动效应。文化产业链的途径是对文化生产、文化流通(宣传)、文化消费的系统化考虑。这一新型产业链条的上游是文化遗产的活化、文化内容的创作、文化产品的生产，中游是文化意象的广泛宣传和文化娱乐产品的大规模市场推广，下游是消费类文化产品的购买与普及（图7-2）。我国旧城开发一般所提到的"吃、住、行、游、购、娱"都属于文化消费，往往缺少文化生产，易造成档次不高、创新能力落后、竞争力不强。

图7-2 旧城区文化产业链构成分析

旧城文化产业链的建设重点在于丰富产业链条，加强对文化生产的考虑。目前对于文化遗产的传统的旅游景点式的开发多属于粗放型开发，属于文化消费，景区的承载量有限，在此基础上增加文化生产和文化流通的内容，既可以开发出多元的文化产品，又可以反哺文化遗产，丰富文化遗产的内涵。

7.2.4 文化载体的保护与提升

空间形态结构、街区环境、历史建筑是旧城中历史文化的物质载体，组合在一起构成了旧城的风貌，是文化旅游的根本物质资源，是创意文化产业选址的重要依据，是文化事业和文化产业得以空间落位而最终实现的必由之路。

空间形态结构是指旧城物质要素的空间组成形式，例如平面几何形状、布局、交通网络。它是城市的自然环境、地形地貌和文化历史发展共同作用的产物（徐琴，2004）。

街区环境是历史建筑存在的背景，道路、基础设施、街道家具等都给人以直观印象，会对街区的形象产生重要的影响。风貌和谐的街区环境能更好地烘托历史建筑，反之则使历史建筑无立足背景，使旧城的文化气息大打折扣。

要实现对文化载体的保护，在根本上必须坚持小规模、渐进式的原则。以逐步恢复街区历史传统风貌为目的，按照时序分期进行整治。旧城在综合整治环境的同时，建筑单体上尽量以修缮为主，即使一部分危房和不协调建筑需拆除，也应该保证拆建起动区的规模较小，并以滚动的方式进行（阮仪三，顾晓伟，2004）。

综上所述，文化导向型旧城可持续再生的整体规划管治流程及内容、方法如见图7-3。

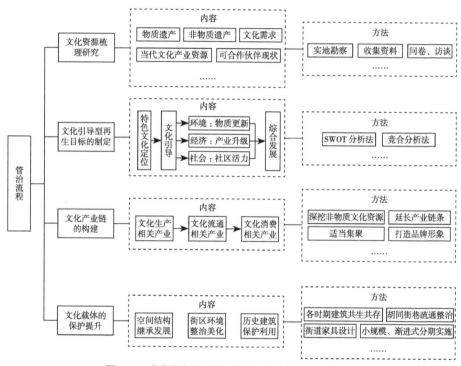

图7-3 文化导向型旧城可持续再生的管治内容及方法

7.3 实施机制

7.3.1 多元主体参与

文化导向型旧城再生的持续进行有赖于政府部门、市场部门（私营企业）、市民与居民组织之间建立起协作机制。政府和市民间的相互协作、各尽其责是旧城再生顺利进行的保证。市民自发的创造性意见是旧城再生的无价之宝。

（1）政府主导

为寻求城市治理的优化，国际社会不断呼吁各级公共、私营和非政府伙伴间的积极参与。而市场部门及市民组织的参与不代表政府在旧城再生事业中的作用减弱了。政府在动员各种资源方面仍然具有绝对的优势。政府部门理顺复杂的利害关系、解决规划和筹集资金两大问题、保证相继出现的利益分配的公开透明是成功推进旧城再生的必要条件。

文化是一种社会公共资源。政府在运用优惠政策吸引私有部门投资的同时，也要维护公众利益，为社区参与创造条件。使低收入者有能力改善自身的居住环境，保持社区社会结构的延续，控制开发商对旧城造成的破坏，保持中小型经济活动，从而增加传统社区的活力，实现旧城经济、社会、环境等方面的可持续发展。

（2）市场力量

市场力量是旧城实现功能再生、恢复活力的最为重要的动力。市场的参与利于实现土地市场价值的最大化，避免改造资金的"瓶颈"问题，减轻政府的投资压力。然而，对于城市整体而言，旧城更新应当兼顾经济、社会和环境效益，往往与开发商的目标存在较大冲突。因此在更新过程中与开发商保持沟通和交流才能更好地控制和引导开发的实施。

（3）居民参与

在我国以往的旧城更新中，政府大多是实施的主体。但是由于没有居民的自发参与，居民需求较少被考虑，"街道漂亮但人迹稀少"的结果也不少见。为实现可持续的旧城再生，有必要让广泛的市民群体参与，并应当充分考虑各个市民群体的利益需求。原来生活在社区中的低收入群体因为城市再开发而移居他处的情况不胜枚举，这些有损众多原住居民利益的项目在很多国家遭到了质疑。如果以牺牲人们的利益为代价，将很难获得社会的正面评价。公众参与对文化导向型的旧城再生尤其重要，因为居民的文化认同感、社区归属感是其长期目标及潜在收益之一。使大多数居民群体在再生项目中或多或少地获益，旧城再生的活力才能长期保持下去。

（4）多方合作

旧城更新的文化建设中，首先要建立规划部门和文化部门的有效合作，同时需要第三方非营利组织如艺术组织、艺术团体等的积极参与才能达成文化的繁荣与多样性。此外当地企事业单位承担着社区的部分产业功能，社区的环境等也对企事业单位的效益、形象等有不可忽视的影响。多方合作的机制才能使文化资源最大限度地发挥作用。

7.3.2 政策法律支持

（1）政策支持

通过出台新的管理办法，对与旧城再生有关的现行相关政策进行补充和整合；同时，修正现有政策存在的矛盾和与时代背景不符之处，并使新政策和现行的政策能够有效地衔接起来，形成的一个紧密联系、相互补充、协调配套的政策体系，为文化导向型旧城再生提供强有力的政策保障。

在吸引多渠道资金方面，可通过减税等政策鼓励市场部门对建设项目投资，通过减税政策推动个人与企业向艺术机构、艺术项目进行捐赠。如美国税法规定，年利润和遗产本该交的税中可以有30%~50%捐给基金会，为数众多的艺术基金会则成为文化艺术建设的主要投资者。

（2）法律支持

文化资源是文化导向型旧城再生的基础及最大优势，因此不可再生的文化资源必须首先得到保护。目前我国文化资源保护法规的现状是，法律体系主要针对文物的保护，对历史地区和历史文化名城的保护立法基本处于空白。由于相关法律的缺失，经济利益至上的开发行为受不到法律约束，旧城历史文化地段的整体风貌环境受到相当大的冲击，一些地区的文化资源已经遭受了不可弥补的损失。针对这一问题，需要尽快完善与历史文化地区和历史文化名城保护相关的立法工作。

民族、民间非物质文化资源也是地区发展的宝贵财富，近年来对其立法的探讨在文化部、国家文物局等相关单位的组织下逐步进行。对民族、民间非物质文化资源的保护应当在普查机制、重点保护和传承机制、适用和开发机制以及相关保护措施（例如经费、机构、人员、税收优惠政策、专家咨询机构）等方面从法律法规的角度予以规定。

7.3.3 资金支持

旧城的再生需要大量的资金投入，政府财政往往无法独立承担。因此，多方面拓展融资渠道，广泛吸引社会资金，充分发挥政府、企业、个人等各方面的投资积极性，无疑是解决资金难题的有效手段。根据2006年欧盟议会（EU Parliament）的研究报告，文化开发主要有三个筹资渠道：政府部门、市场、第三部门（非营利部门）。

（1）政府部门的直接投入

文化具有公共物品的属性，具有塑造城市意向、彰显城市特色、增强市民自豪感等重要的社会价值，因此世界范围内文化建设依靠公共资金的情况非常普遍。政府应当加大投入力度，如对文化事业的投入不低于财政增长幅度、建立旧城再生财政专项基金、建立彩票基金发行文化彩票等，形成对公益性旧城再生投入的增长机制。

（2）市场化的投融资渠道

政府需要拓展资金来源，允许社会资金以独资、合作、联营、参股、特许经营等方式参与投资。

通过政府政策引导和监督及政府资金的支持，在项目的建设期和运营期广泛引入民间资本，采取民营化的方式。公私合营模式有很多优点，例如节约成本、共担风险、提高服务质量、增加收入、使项目执行更有效率等。并可以使政府摆脱项目的繁琐细节，从基础设施的提供者转化为监管者。

（3）第三方筹资

第三方非营利组织文化机构常常从个人或私人机构的捐助中获得援助，包括资金、劳动或者时间等。个人与企业向艺术机构、艺术项目进行捐助，为西方国家的城市再生筹措了大量资金。政府应鼓励社会各方对文化艺术领域的赞助，拓展资金来源。

7.3.4 技术支持

多元主体信息实现及时流畅的交换才能保证旧城再生的顺利实施。关于信息交换体系的建立，美国非营利组织 Partners for Livable Communities[①]1995年出版的《通过文化策略促进社区发展》一书中提出了如下建议（黄鹤，2010）：

①建立社区文化发展论坛；

②发展更为可信的数据指标，来表明文化活动和文化资源在社区发展中的作用；

③完善培训和教育机制；

④建立专业化的支撑网络、信息交换体系等；

⑤广泛推广文化发展的基本信息，通过成功项目的示范作用和媒体宣传报道鼓励更多的居民参与，鼓励更多的社区进行文化发展策略的制定。

---

① Partners for Livable Communities，国际知名的非营利组织，1977诞生于美国，致力于"宜居社区"建设，从生活质量、经济发展、社会平等三方面促进社区发展。

第8章

北京景东地区文化导向型旧城再生的探索

景东地区的城市更新主要涉及政府部门、市场、居民和当地企业单位四个直接利益相关主体，改造中这四方相关主体需要建立起一种伙伴合作关系。

对于我国老城区历史文化街区的保护与复兴，当前急需探索可持续再生的有效途径，否则不仅具有千百年历史的文化风貌难以维系，也有碍于实现构建和谐社会的目标。

首先要在充分尊重地脉、文脉的基础上进行空间载体本身的功能上的完善，即在风貌保护的大背景下进行"小规模、渐进式"的环境综合整治。此外，更重要的是寻找再生的切入点和建立适应社会主义市场经济条件的长效实施机制。

（1）切入点：培育文化创意产业

从文化经济学和经济地理学的视角，历史文化街区常常成为培育文化创意产业的重要载体。历史文化和民俗文化积淀丰厚的老城区往往具有适宜创意文化产业发育的空间条件和文化氛围。这种观点可以作为历史文化街区再生的新的切入点。

（2）适应社会主义市场经济条件的长效实施机制：合作型社区规划方法

基于社区营造的历史文化街区可持续再生途径，实施自上而下和自下而上结合的再生机制。鼓励多元主体共同参与到历史风貌保护与社区营造的过程中，并提供一定的就业机会，促进地方经济发展，从而实现社区可持续的健康发展。

8.1 景东地区概况

8.1.1 区位与研究范围

景东地区位于北京东城区西侧、北京中轴线东侧，在景山八片历史文化保护区内，是最靠近旧皇城制高点景山的街区。其西邻景山，南面故宫，东临皇城遗址公园，北接传统胡同四合院风貌区，外连王府井购物区，为故宫、中南海、北海、景山的重要"背景"（图8-1），历史悠久，周边旅游资源丰富。

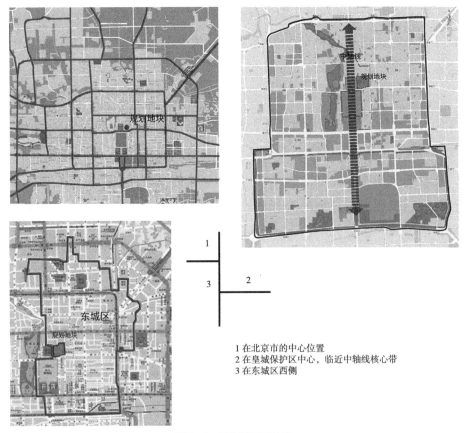

图 8-1　景东地区区位图

研究范围为以沙滩后街为中心的社区组团，东至北河沿大街，西至景山东街，南至景山前街—五四大街，北至三眼井胡同—嵩祝院北巷，总面积31公顷。涉及景山街道辖区内的景东社区、黄化门社区、钟鼓社区三个社区，其中景东社区23.5公顷，占研究范围面积的76%。其中以胡同四合院为主，有北大红楼、京师大学堂、嵩祝寺等文保单位，历史文化底蕴十分浓厚。

8.1.2　景东地区的历史沿革

景东地区在元代、明代、清代均属皇城范围。

根据历史文献记载，明代景山东街一带主要分布侍奉皇家掌管宫廷内务的宦官衙门，即所谓的"24衙门"，包括12监4司8局。研究范围内有12监中的都知监、御马监和印绶监，以及番经厂、汉经厂（侯仁之，1988）。

清代，在北京内城有八旗划区驻防，景东由正白旗驻防。地块内的历史建筑主要是和嘉公主府及松公府。地块北面主要分布朝廷的内务府衙署。地块内开始出现胡同，如三眼井胡同、马神庙街、高房胡同等。清末为京师大学堂校舍所在地，原和嘉公主府被清内务府划拨给京师大学堂，并于周边新建房屋120多间。

民国时期国立北京大学由京师大学堂旧址向东扩张，将王府大院收购其下，蔡元培、李大钊、严复、鲁迅、钱玄同等曾在此工作。景东地区成为中国新民主主义革命的发源地。

8.2 文化遗产资源梳理

景山街道内有12处文物保护单位（表8-1），按照等级分类，有国家级文保单位1处，市级文保单位6处，区级文保单位5处。

景山街道文物保护单位表　　　　　　　　　　表8-1

文物保护级别	名称	地址
国家文保单位（1处）	北京大学红楼	北京五四大街29号
市级文物保护单位（6处）	毛主席故居	吉安所左巷8号
	京师大学堂建筑遗存，原马神庙原和嘉公主府	沙滩后街55、59号
	北京大学地质馆旧址	沙滩北街15号
	原中法大学	东黄城根北街甲20号
	嵩祝寺及智珠寺	嵩祝院北巷23号
	子民堂	沙滩北街2号、甲2号
区级文物保护单位（5处）	什锦花园19号	什锦花园19号
	慧仙女校碑	什锦花园内南吉祥胡同21号
	马辉堂花园	东四北魏家胡同18号
	黄米胡同5、7、9号院	黄米胡同5、7、9号

本研究范围即景东地区有5处文物保护单位（表8-2），按照等级分类，有国家级文物保护单位1处，市级文物保护单位4处和历史建筑1处，以及古树名木共11棵。

景东地区文物保护单位表 表8-2

文物保护级别	名称	地址
国家文保单位（1处）	北京大学红楼	北京五四大街29号
市级文物保护单位（4处）	京师大学堂建筑遗存	沙滩后街55、59号
	北京大学地质馆旧址	沙滩北街15号
	嵩祝寺及智珠寺	嵩祝院北巷23号
	孑民堂	北河沿大街83号

8.2.1 物质文化遗产

（1）寺庙

嵩祝寺及智珠寺位于东城区西部，嵩祝院北巷23号。东临北河沿大街，西靠嵩祝院西巷，南临五四大街，北依嵩祝院北巷。嵩祝寺、智珠寺、法渊寺三庙，清时并排建在明代番经厂和汉经厂的遗址之上。据记载，番经厂念习西方梵呗经，厂内遇皇帝生日、元旦等，都要在英华殿内做佛事，戴番僧帽，穿红袍、黄领、黄护腰，还要鸣锣鼓，吹海螺等乐器，赞唱经咒等，持续1~3个昼夜。汉经厂是念习释家诸品经，戴僧帽，披架裟，穿缁色袍，与僧人打扮相同，只是不剃头，每做完佛事，还穿内臣服装。乾隆三十七年（1772年）在明代的番经厂、汉经厂原址建嵩祝寺，为章嘉呼图克图在京驻所。后专为每代转世章嘉佛做焚修之所。章嘉呼图克图是内蒙古地区藏传佛教最大的转世活佛，为清朝主管内蒙古的藏传佛教。

嵩祝寺坐北朝南，共分三路。主要殿宇在中路，山门三间，瓦顶为大式硬山筒瓦调大脊。中路主要建筑有钟鼓楼、天王殿、正殿、宝座段及后楼。钟鼓楼位于山门后。为重檐建筑，上檐为歇山筒瓦调大脊，下檐为筒瓦箍头脊顶，上、下层均带有风铃，绘旋子彩画。天王殿位于正殿前，殿为三间，顶为大式硬山筒瓦调大脊，内为五架梁。殿两侧有顶为筒瓦调大脊的朱红色围墙，在两侧的墙上各开一门，可达正殿。正殿为里院的主要建筑,殿为五间，顶为硬山筒瓦调大脊，明间上悬匾"妙明宗镜"。宝座殿五间，前出厦三间，为大式悬筒瓦箍头脊，殿顶为大式硬山筒瓦调大脊，殿左右各有三间耳房。

后楼位于正殿后侧，楼为2层共七间，顶为重檐硬山筒瓦调大脊，明间额枋上有乾隆帝手书"慧灯普照"。东路建筑主要有寮房、配房、佛堂和经堂等，西路的建筑主要为喇嘛住宅。

智珠寺坐北朝南，主要建筑由6层殿宇构成。山门三间，门楣石额枋上有"敕建智珠寺"，顶为大式硬山筒瓦调大脊，山门外有大门以及朱红色围墙。钟鼓楼为重檐歇山顶带风铃。天王殿三间，顶为大式硬山筒瓦调大脊，旋子彩画。重檐四方殿为第三层殿，面阔三间，进深三间。后殿又称"净身殿"，面阔五间。殿门两旁有乾隆御书联"金粟神光照妙应，香林净域证虚明"，明间楣额为"现清静身"。最后一层殿宇，殿顶为大式硬山筒瓦调大脊，面阔五间。在此殿后还有一座面阔七间的2层楼。

嵩祝寺的东侧为法渊寺，寺内曾由大雄宝殿、天王殿、无量殿等五座殿宇组成，寺内有一螭首龟趺石碑，上刻满、汉两种文字"法渊寺碑记"。1984年列为市级文物保护单位。1995年在重建之中（《北京市东城区地名志》编纂委员会，1992）。

（2）名人故居[①]

1）毛主席故居

毛主席故居位于景山东街三眼井吉安所左巷8号。始建于元末明初。当前用途为民居，院落基本保持原状。

1918年9月，毛泽东为组织赴法勤工俭学一事从湖南首次来京时，以北大学生的名义租了此地的三间北房。与毛泽东同住的有肖子升、陈绍休、陈昆甫、罗章龙、欧阳玉山、蔡和森等。毛泽东在《新民学会会务报告》中记载，八个人居三间很小的房子，为了节省开支，自己做饭吃，因为南方人不会做面食，闹出种种笑话。房东曾教他们做面食，一个送水（当时没有自来水，吃水靠水车送水）工人也帮助他们做饭，不要工钱，只是跟他们一起吃饭，互相间关系很好。从1918年秋天到1919年春，毛泽东在此处住了六七个月，后离京赴沪。

---

① 本部分内容参考：北京市东城区第一图书馆.东华刘韵.[EB/OL].http://www.bjdclib.com/subdb/laneculture.

2）孑民堂

孑民堂位于北河沿大街原文化部院内，始建于清代。孑民堂坐北朝南，两进四合院，南有垂花门，门内即为前院，有正殿五间，带月台，殿为灰筒瓦箍头脊，室内为井口天花。另有东西配殿各五间。后院为七间后堂，东西各有配廊五间，带坐凳栏杆，两边廊中各有屏门4扇。原为清乾隆年间的国舅、大学士傅恒府邸中的一个院落。清末，后裔孙松椿承袭公爵，该府即称为"松公府"。民国初，此宅归并北京大学。

抗战胜利后，北京大学从昆明回迁北京，以周炳琳教授为首的北大师生，在原松公府内西厢院举办公祭，纪念1940年3月在香港病逝的蔡元培先生。蔡先生一生低调，他把自己比作水塘中不起眼的孑孓，号称孑民。于是纪念会场横幅上写有"蔡孑民先生纪念堂"，"孑民堂"就是这样被叫开的。

1955年，为修建中宣部办公大楼，拆掉了孑民堂垂花门前面的部分建筑，只保留了西厢院。

（3）文物[①]

1）北京大学红楼

北京大学红楼位于五四大街29号，始建于1918年。目前基本保存完好，建筑的不少地方可以明显地看出用青砖修葺过的痕迹，红楼室内外原状和整个色调没有任何改变。现为国家级文物保护单位。

北大红楼是北京城内一座极不平凡的历史建筑，其因主体由红砖砌成而得名。作为北京大学校部，自红楼落成伊始，它就成为中国先进思想和文化的策源地。在经历了中国新文化运动及五四运动的洗礼之后，一大批仁人志士在这里了解并接受了马克思主义。中国共产党的先驱者当年在这里留下了光辉的足迹。从此，中国历史翻开了崭新的一页。

2）京师大学堂建筑遗存

京师大学堂建筑遗存位于沙滩后街55号、59号，西靠景山东街，南临沙滩后街，北依三眼井胡同，始建于清乾隆年间，现为市级文物保护单位。

---

① 本部分内容参考：北京市东城区第一图书馆.东华刘韵.[EB/OL].http：//www.bjdclub.com/subdb/laneculture.

该遗存原为清高宗第四女和嘉公主的赐第，于光绪二十四年（1898年）改为京师大学堂。此学堂是在戊戌变法运动中兴办起来的北京城内第一所大学，学堂第一任总管孙家鼐为咸丰年间的状元，历任工部、礼部、吏部尚书等职，曾做过光绪皇帝的老师。光绪二十六年（1900年），孙家鼐因反对慈禧阴谋废黜光绪皇帝愤然辞职。同年夏，因义和团进入北京，办学经费无着落，慈禧下令停办学堂。同年8月，八国联军入侵北京，学堂的校舍被德国、俄国侵略军占据，学堂内的建筑、仪器等大部分被毁。光绪二十八年（1902年），清政府下令恢复京师大学堂。1911年，京师大学堂改称北京大学。1927年，张作霖下令取消北京大学，将北京的九所国立高等学校合并成立京师大学校。1929年，南京教育部被迫同意恢复北京大学，并于1934年将傅恒家庙扩大为校址，作为图书馆。京师大学堂建筑遗存，现尚有原和嘉公主府内的一座大殿，西部还保存有几组清式建筑的四合院，偏东处保存了两座西式楼房，为当时北京大学二院的教学楼。

3）北京大学地质馆旧址

北京大学地质馆旧址位于沙滩北街15号，东邻沙滩北街，西靠大学夹道，南邻沙滩后街，北依东高房胡同，始建于清乾隆年间。现为中国社会科学院法学研究所，属市级文物保护单位。

北京大学地质馆原址曾为清乾隆时大学士傅恒家庙。院内曾有傅恒征金川功绩碑一座，1986年此碑被运至五塔寺石刻博物馆。1931年北京大学扩大校舍，购得松公府房产。

北京大学地质馆是由我国著名建筑学家梁思成、林徽因共同设计的一座西式3层小楼，有中文、西文、期刊等4间阅览室，可同时容纳500人阅览，还有24间研究室供教师使用，书库建有防火、防潮设施。从1930年起，学校图书部就出版有中文书目、编撰丛书和善本书正式书目，发行图书部月刊，内容除报道图书信息外，还有钱玄同、赵万里、马衡等学者的辑校和书跋文字。自新馆建成至1935年，已有馆藏中、外文图书几十万册，保存有各种孤本、珍本和善本。1936年又购进了马隅卿收藏的小说、戏曲等书籍5389册，其中有不少罕见的秘本。同年还编印了《北京大学图书馆概况》一书。新馆是中国最早采用西方现代建筑风格的优秀建筑设计作品之一，在中国近代建筑史上占有重要地位。

8.2.2 非物质文化遗产

（1）民间艺术

景山街道内有丰富的老北京民间艺术（表8-3），居住着身怀绝技的民间艺人，奠定了景东地区深厚的历史文化底蕴。

景山街道民间艺术分类表　　　　　　　　　　表8-3

民间艺术种类	具体类型
民间文学	传说、灯谜
民间美术	内画壶、马赛克镶嵌画、烙画、脸谱、农民画、面塑、泥塑、木偶、毛猴、篆刻、篆刻书法、京绣、反影绣、剪纸、花灯、布贴立面画
民间音乐	老北京叫卖吆喝、智化寺京音乐（源于朝廷，由僧人传承于寺院）
民间舞蹈	普天同乐圣会
戏曲	皮影
曲艺	牛骨数来宝（起源于汉代）、京东大鼓、太平歌词
民间杂技	车技
民间手工技艺	美食、糕点制作、布艺制作
生产商贸习俗	王府井大街商贾文化、民间八不语、钟鼓楼传统报时
民间知识	府学小学教学理念、胡同的由来
游艺、传统体育与竞技	八卦掌、打花棒、吴式太极拳、黄极内功、抖空竹

（资料来源：景山街道办事处提供）

（2）地名故事[①]

1）吉安所右巷

吉安所右巷全长233米，宽6米，位于区域西部，景山公园东北侧，呈南北走向。北起黄化门街，南止景山后街，东邻吉安所左巷，西靠碾子胡同，中与吉安所北巷相交。

吉安所右巷自民国36年（1947年）称吉安所右巷，1949年后沿称。"文

---

① 本部分内容参考：北京市东城区第一图书馆.东华流韵.[EB/OL]. http://www.bjdclib.com/subdb/laneculture.

化大革命"中一度改称荣兴胡同，后恢复原名。吉安所明朝为司礼监公廨，司礼监是太监的总领管。清代若宫眷薨逝，则以衾被从宫中裹出，于此殡殓。嫔以上丧仪由内务府请旨施行，贵人以下则由吉安所治丧。吉安所意即吉祥安葬，此巷亦由此得名。该巷 27 号院民国时是拔丝厂，今为北京钢丝厂宿舍，现巷内有景山特种机械厂，余为居民住宅。

2）吉安所左巷

吉安所左巷全长 187 米，宽 3 米，位于区域西部，景山公园东北侧，属景山街道办事处管辖，呈南北走向。北起吉安所北巷，南止三眼井胡同，东邻纳福胡同，西靠吉安所右巷。

吉安所左巷，民国 36 年（1947 年）称吉安所左巷，因此巷位于吉安所左侧而得名。1949 年后沿称。"文化大革命"中一度改称荣兴东巷，后恢复原名。民国时此胡同有北京大学学生公寓，1918 年毛泽东第一次来北京组织湖南留法勤工俭学时，曾居住 8 号院北屋。毛泽东当年一些用具已由国家有关单位保存，现居室仍在，已为民居。1979 年定为市级文物保护单位。现除少数机关单位宿舍外，其余均为居民住宅。巷内道路狭窄，交通不便。

3）三眼井胡同

三眼井胡同全长 306 米，宽 7 米，位于区域西部，景山公园东侧，属景山街道办事处管辖，呈东西走向，中间多枝叉。东起嵩祝院西巷，西止景山东街，南与大学夹道相通，北与吉安所左巷、横栅栏胡同相通。

三眼井胡同清代属皇城，乾隆年间称三眼井胡同，因胡同内有一口三个井眼的井而得名，宣统年间称三眼井。其井因阻碍交通被毁掉。民国后沿称。1965 年整顿地名时将二眼井并入，改称景山东胡同。1981 年复称三眼井胡同。今胡同内 61 号院（旧门牌 17 号）是毛泽东早年在北京图书馆工作时曾经居住过的地方，其后迁居吉安所左巷 8 号。现街内主要为居民住宅。胡同内绿化有杨树。

4）大学夹道

大学夹道全长 282 米，宽 3 米。位于区域西部，景山公园东侧，属景山街道办事处管辖，呈南北走向，中间曲折。北起三眼井胡同，南止沙滩后街，东与东高房胡同相通，西邻景山东街。

大学夹道，民国时期称学堂夹道。民国36年（1947年）称大学夹道。1949年后沿称。1965年整顿地名时将西高房并入。人民教育出版社侧门在大学夹道内，现胡同内多为居民住宅。

5）沙滩北街

沙滩北街全长331米，宽14米。位于区域西部，景山公园东侧，属景山街道办事处管辖，呈南北走向。北起嵩祝院，南止五四大街，东邻北河沿大街，西与东高房胡同、沙滩后街、中老胡同相通。

沙滩北街，清宣统年间称松公窑夹道，因街内有松公府而得名。民国后沿称。1965年整顿地名时将操场大院并入，改称沙滩北街。据传，此地挖护城河时，流沙不止，后砌墙乃住，故得名沙滩。沙滩北街15号为北京大学地质馆旧址，1990年定为市级文物保护单位。现街内有《求是》杂志社、中国文联、中国作家协会、中国对外文化交流协会、文化部等单位，余为居民住宅。另有一说，此地原为永定河的故道，当年河床宽阔，永定河改道别处后，在原故道上留下一连串的沙滩，因此地有一大沙滩而得名。

6）沙滩后街

沙滩后街，全长323米，宽11米。位于区域西部，景山公园东侧，属景山街道办事处管辖，呈东西走向。东起沙滩北街，西止景山东街，南邻中老胡同，北与大学夹道相通。

沙滩后街清朝属皇城，称马神庙街。民国时期称景山东街。1949年后沿称。1965年整顿地名时将东老胡同并入，改称沙滩后街。今沙滩后街55号、59号的京师大学堂建筑遗存于1990年定为市级文物保护单位。现街内有景山饭馆。街上绿化有松柏、杨树。

此街清代称马神庙街，因街内有马神庙而得名。马神庙原位于今景山东街45号，坐北朝南，为明代御马监马神旧祠。据《日下旧闻考》记载，庙原在街之稍北，乾隆二十年（1755年）移建。晚清时为乾隆第四女和嘉公主赐地。民国时期称山东街。街旁有京师大学堂遗存。光绪二十四年（1898年），光绪皇帝下诏，正式批准设立京师大学堂。

7）景山东街

景山东街，全长546米，宽45米，车行道宽13米。位于区域西部，景山公园东侧，属景山街道办事处管辖，呈南北走向。北起景山后街，南止景山前街，东与三眼井胡同、沙滩后街相通，西邻景山公园。

景山东街，清代属皇城，宣统年间称景山东大街。民国后沿称。1965年整顿地名时改称景山东街。"文化大革命"中一度改称代代红路，后恢复原名。现街内有台湾民主自治同盟中央委员会、台湾民主自治同盟北京市委员会，余为居民住宅。街两旁绿树成荫，植有松树、国槐。景山东街在明、清时属于皇家禁苑，在今街东约30米处为禁苑的东墙。东墙以内，建有供禁卫军瞭望的岗亭和射箭所，平时皇帝在这里游玩，或是检阅八旗子弟演习射箭。不仅一般老百姓不允许到这里，就是文武大臣不经赐准也不能擅入。辛亥革命后，清帝溥仪被废，只允许在故宫神武门至乾清门的内廷暂时居住。天安门和皇城其他地方统归中华民国政府接管。但是从天安门到地安门得经东安门或者西安门绕皇城半圈，交通十分不方便。1914年，在天安门东、西侧的皇城上，东辟南池子街道，西辟南长街门，分头向北，到景山的东西各占甬道一段，直通地安门（王彬，2001）。

（3）红色文化——北大红楼和红楼人物的故事

景东的北京大学红楼作为红色文化地标见证了一段段峥嵘岁月，承载着北京百年的红色记忆。1918年初，李大钊在此创建中国第一个马克思主义研究小组。1919年5月4日，北大学生从红楼出发到天安门举行了反帝爱国示威游行，史称"五四运动"。通过概览红楼发生的大事记（表8-4），可以说红楼是五四运动的策源地，是"红色的起点、革命的起点"。

红楼大事记　　　　　　　　　　　　　表8-4

时间	大事记
1916年	北大红楼修建
1918年	红楼建成，北京大学借比利时仪器公司款20万元建成红楼。原计划作为北京大学的学生宿舍，后改作当时的校部、图书馆和文学院。它是北京城内一座具有极不平凡历史的建筑，因大楼通体用红砖砌成，故称红楼
1918年	李大钊在此创建中国第一个马克思主义研究小组

续表

时间	大事记
1919年	"反帝大游行"从红楼北面的大操场集合出发，红楼由此成为"五四运动"伟大革命运动的策源地
1919~1920年	毛泽东曾在楼内图书馆工作
1920年代	李大钊的办公室、胡适的讲堂、鲁迅的写作室、毛泽东作协理员的新闻报纸阅览室，众多声名显赫的时代名流齐聚一堂。在中国遭受内忧外患之时，这里成为新思想、新文化的发源地
1937年	"七七事变"后，红楼被日军强占成为宪兵司令部，长达6年，地下室当时作为牢房
1950年	北大在红楼开辟了"李大钊先生纪念堂"和"毛泽东在校工作室"
1961年	红楼被国务院公布为第一批全国重点文物保护单位
1962~1969年	由文博和文物出版单位使用
1969~1972年	由于"文化大革命"后期人员下放等原因，红楼处于闲置状态
1972~2001年	由国家文物局局机关、文物博物馆研究所、《学习》杂志社、戏曲博物馆等单位使用。2001年，国家文物局迁出北大红楼
2001年至今	红楼产权属国家文物局，开辟北京新文化运动纪念馆对外开放

8.3 景东地区面临的主要问题

8.3.1 景东地区衰退的测度

社区满意度调查可以表明居民对当前社区环境的现实感受。为了判断景东当前所处的状况，本研究从居民满意度方面对其衰退的现状进行了测度。社区满意度往往被定义为居民对于社区服务的社会心理反映，或者最为狭义的理解是对于环境质量的主观感知。社区满意度的结构主要有两大类。一类是一般社区满意度（General Sense of Contentment, GSC），另一类是具体领域的社区满意度（Monomial Sense of Contentment, MSC）。前者通常考察人们对社区生活的一般整体心理感受，后者侧重于从某些具体方面考察人们对社区的心理感受。本书对社区满意度的因子选择参照了美国国家城市联盟共同设计的城市中心区健康诊断测量表（Dolores P. Palma, 2000），在此基础上结合景东的实际情况进行了调整。景东地区健康诊断测量表（表8-5）共选择8个测量指标，居民对每个指标的评价分为四个等级，分别是：很满意、较满意、

景东地区健康诊断测量表　　　　　　　　　　表8-5

诊断项目	很满意（4）	较满意（3）	较不满意（2）	很不满意（1）
住宅条件（MSC_1）				
道路交通和停车设施（MSC_2）				
绿化及室外活动场地（MSC_3）				
公共服务设施（商店、学校等）（MSC_4）				
供水、供电等基础设施（MSC_5）				
社区文化娱乐生活（MSC_6）				
景东社区周边环境（MSC_7）				
社区安全设施（防火、防灾等）（MSC_8）				

较不满意、很不满意，对每个满意度等级分别赋4、3、2、1不同的分值。

根据Dolores P. Palma提供的检测指标：当MSCi=4，表明被检测的项目表现良好；当MSCi=3~3.9，表明需要对被检测的项目进行预防性的治疗；当MSCi=2~2.9，表明被检测的项目已经出现问题，需要立即采取措施；当MSCi=1~1.9，表明必须要有足够的耐心对被检测的项目进行彻底的治疗。同理，当GSC=4表明旧城整体表现良好；当GSC=3~3.9，表明需要对旧城进行预防性的治疗；当GSC=2~2.9，表明旧城衰退已经开始，急需应对措施；当GSC=1~1.9，表明旧城已经成为衰退地区，需要对其进行彻底的长期的治疗（佘高红，2007）。

景东社区总户数为2400户，研究范围内总户数约2700户，共发放问卷100份，沿研究范围内所有街道及胡同随机均匀发放，最后收回有效问卷87份。

问卷统计结果可以看出，居民对景东地区各单项的满意度值均小于3，其整体满意度水平只有2.4（表8-6）。对照上述检测指标，表明该旧城已经出现了衰退，需要立即采取措施。其中对道路交通的满意度最低（图8-2），满意度值为1.9，说明景东地区的交通问题已经到了非常严重的地步。

景东地区各单项满意度及整体满意度得分　　　　　　表8-6

MSC_1	MSC_2	MSC_3	MSC_4	MSC_5	MSC_6	MSC_7	MSC_8	GSC
2.2	1.9	2.2	2.6	2.8	2.4	2.3	2.5	2.4

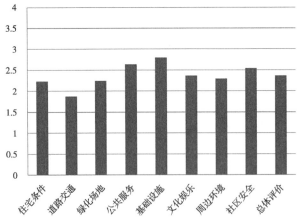

图 8-2 景东地区各单项满意度及整体满意度得分

8.3.2 景东地区主要问题归纳

通过问卷分析与总结，再结合实地勘察调查，发现并归纳景东地区的问题主要有以下几个方面。

（1）道路交通亟待整治

景山东街、沙滩后街、沙滩北街主要车行道人流高峰时期人车混行、秩序较差，造成交通拥堵；停车位数量无法满足现有需求，造成景山东街、沙滩后街、沙滩北街、东高房胡同路边停车占道现象严重（图 8-3）；乱扔垃圾现象时有发生，在三眼井胡同、东高房胡同造成垃圾占道；居民在胡同内违法搭建煤棚等，占用消防通道。

图 8-3 景东地区停车占道实景

（2）历史建筑遭破坏

景东地区由于不同程度的传统建筑风貌破坏和乱搭乱建，导致其整体风貌破坏较重，风貌保护任务艰巨。主要分为四合院民居院落建筑问题和文物保护单位建筑问题。

四合院民居院落问题主要表现为煤棚占地、人为加高、房屋年久失修。其中景东地区北部的大部分传统院落的质量较差，加建现象十分严重。不少四合院成为大杂院，被违章建筑占满，其风貌逐步消失。违章建筑大部分又被出租出去，人员流动的频繁对整个四合院产生进一步破坏。

文物保护单位建筑问题主要表现在文物保护建筑和重点保护院落利用不合理、周边环境差、传统形制保护不到位或根本没有保护、遗留历史构筑物被随意破坏及更改，导致很多文物建筑已经没有了昔日的风采（图8-4）。

（3）基础设施及人居环境需改善

目前景东地区存在排水不畅、垃圾箱及公共厕所环卫设施条件较差等一系列基础设施问题。公共厕所形式突兀，气味难闻，垃圾箱、垃圾站等环卫设施周边杂乱肮脏，严重影响巷道卫生并破坏人居环境（图8-5）。

（4）文化资源价值认知不足

景东地区有深厚的历史文化积淀和建筑物遗存，但是现在这里历史文化资源还处在"养在深闺人未识"的阶段，当地的历史文化资源还没有得到系统的梳理，缺少对旧城品牌文化的打造与宣传，甚至逐渐被人们淡忘。与北京市发展较好的传统历史文化街区，如南锣鼓巷、后海周边街区等相

图8-4 景东地区传统风貌遭破坏实景

图 8-5 景东地区环卫设施实景

比，社会认识度不高。

（5）社区缺乏活力，居民参与度非常有限

改革开放以来，景东地区经济条件好的原住民已在环境优越的高档小区购置房屋，迁出内城，留下的多为街道内单位退休职工和老人。外来务工人员多选择房屋租金相对低廉、住宅条件较差的旧城居住。旧城内住户整体经济水平愈越发降低，社区缺乏活力。现居住在旧城的居民多为社会的边缘群体及弱势群体，现状街区建设中的居民参与非常有限。同时，由于缺乏参与历史文化保护与发展的有效途径，也影响了他们的关心度和支持度。

8.4 景东地区文化导向型可持续再生的策略选择

8.4.1 景东地区文化导向型再生的优势

（1）文化种类丰富，特色鲜明

景东地区的物质历史文化资源和非物质历史文化资源可以分为皇城文化、近代民主文化、传统民间艺术文化和现代出版创意文化。

皇城文化：景山街道从明代开始就属于皇城，不论从地名上还是建筑遗存上，都带有明显的皇城文化的烙印。明代紫禁城（宫城）内皇家所有的生活供应和服务都要由设置在皇城内、由太监掌管的内务府来提供。

明代，景山街道曾经分布都知监、御马监和印绶监，以及新房和番经厂、汉经厂。现代的胡同地名仍然保留部分当初胡同的痕迹。如吉安所右巷和左巷皆因吉安所得名。吉安所是明代司礼监公廨。清代宫眷薨逝后衣衾被从宫中裹出，于此殡殓。吉安所就是吉祥安葬的意思。到了清代，景山街道有满洲贵族驻扎，街道内出现了王府大院，如松公府以及和嘉公主府等。另外智祝、法渊、智珠三寺为清代的皇家寺庙。

近代民主文化：随着京师大学堂的创立，众多革命先进人士来到景东，在景东地区开始孕育中国新民主主义革命的火种。在这里，创立了最早的国立大学；成立了中国第一个马克思主义研究小组；五四运动中，北大学生从红楼出发到天安门举行了示威游行。毛泽东、李大钊、蔡元培、鲁迅等众多革命民主人士都在景山街道工作或者生活过。景东地区当之无愧地成为中国先进民主文化的发源地。

传统民间艺术文化：景山街道的民间艺术资源丰富，从音乐、美术到舞蹈、杂技无所不包。街道内居住着各类艺术的能工巧匠。老北京这些依靠口授和心传来传承的非物质文化遗产，这些曾经俯拾皆是的"民族记忆的背影"，也是中华民族智慧的体现。

现代出版创意文化：景山街道现有人民教育出版社、求是杂志社、作家协会、法学研究所等富有文化创意内涵、在国内颇具影响的大型文化及出版机构。同时，毗邻中国美术馆的地理位置优势，又为其增加了新的艺术触媒。

（2）时间跨度大，年轮式发展

景东地区从明代开始就属于皇城，经历了明清时期皇城文化、清末民初文化萌芽、中国新文化起源等重要的历史阶段，呈现年轮式发展的特征。

（3）文物数量多，等级高

景东地区36公顷的研究范围内，共有1处国家级文物保护单位，4处市级文物保护单位。这些文物保护单位，除了嵩祝寺和智珠寺是皇家寺院以外，其他都与新民主主义革命、五四运动相关，承载和记录了中国新民主主义革命的起源和发展。

8.4.2 景东地区再生策略选择的影响因素

（1）景东地区主要的利益主体和参与主体

1）居民

景东地区有居民 2700 户。通过调查问卷法获得的人口结构分析统计结果显示，在景东地区居住 10 年以上人口比例为 56.52%，5~10 年的人口比例为 11.59%，少于 1 年的人口比例为 8.7%（图 8-6）。分析认为，这是因为景东地区具有其特殊的历史文脉，且生活成本相对较低，适合居民长久居住。同时也从侧面说明景东地区的社会网络稳定，大多数居民长期居住于此，对于当地的了解比较深入，具有一定的归属感。

在受教育程度方面，景东地区总体文化水平不高，初中学历人口最多，占总调查人口的 39.71%，高中学历人口次之，为 29.41%。

景东地区承担的居住—工作职能方面，根据 2010 年 9 月调查问卷统计结果，从景东地区社区居住职能承担和社区居民职业状况可以看出，景东地区承担了 80.88% 的受调查对象的居住功能，承担了 45.49% 的受调查对象的工

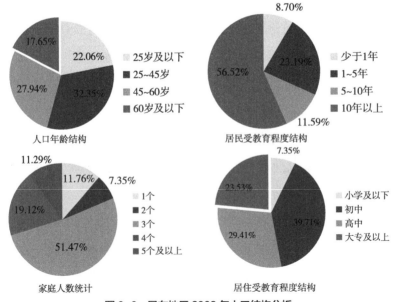

图 8-6　景东地区 2009 年人口结构分析

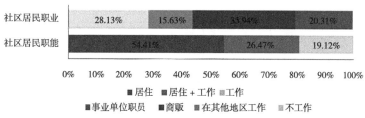

图 8-7　景东社区居住—工作职能承担和社区居民职业构成状况

作功能。在景东地区工作而不住在该地区的人数只占 19.12%（图 8-7）。访谈发现，在景东地区工作而不居住的大部分人群属于事业单位职员，大多工作于求是杂志社、人民教育出版社和法学研究所；大部分商贩居住和工作均在景东地区，以经营日常百货用品和食品为主。说明景东地区是众多居民生活和工作的家园。

居民对于景东物质文化遗产的认识方面，在对研究范围及其周边（景山街道范围内）最有代表性的历史建筑评选中，京师大学堂遗存、北大红楼、嵩祝寺和智珠寺位列前三（图 8-8）。同时也说明居民对景东地区的新民主主义红色文化以及皇城文化具有很高的认同度。

居民对于景东的民间艺术也有一定的了解，在居民心目中，高达 40% 的民众认为最有特色的民间艺术为脸谱，其次为风筝制作和剪纸（图 8-9）。

在未来业态方面，超过 30% 的受访居民认为景东地区适合发展四合院旅馆、酒吧和咖啡馆、特色餐饮和图书出版相关产业四种产业类型（图 8-10）。它们都是本地化的文化旅游业和文化创意产业的重要组成部分，说明本地

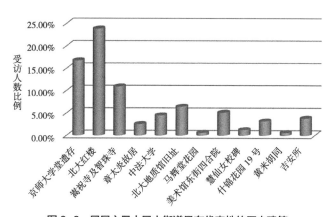

图 8-8　居民心目中景山街道最有代表性的历史建筑

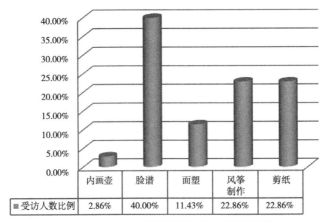

图 8-9　居民心目中景山街道最有代表性的民间艺术

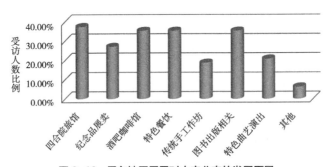

图 8-10　景东地区居民对未来业态的发展愿景

文化产品的生产以及创意文化产业得到居民较为广泛的支持。

2）政府（景山街道办事处）

景东地区再生中，政府的角色主要是由景山街道和景东居委会来承担。在与街道办公室的沟通、交流、访谈中，政府部门认为景东地区再生的主题定位应该为文化定位。

某书记："展现历史脉络，尊重历史，挖掘历史的厚度与深度。找出当地独特、唯一的文化价值，如北大红楼、子民堂这一段与北大相关的红色文化是景东地区特别重要的特点。""要做长期的规划，要能实质性地推进，尤其是要让百姓满意度高。"

某主任："要打造北京文化名片，深入挖掘文化资源，挖掘如毛泽东故居等的故事、传说，找出历史遗存点独一无二的价值。""在业态调整方面可以与皇城文化结合，打造文化产业，将皇城文化载入实体，焕发出来。"

某主任:"重点在于如何发挥景东文化特色和历史沉淀,注重风貌保护,实现文化产业链。"

3)企事业单位

在景东地区有着大量的企事业单位(表8-7),这些单位也是景东地区不可忽视的利益主体和参与主体。景东地区的旧城再生需要这些企事业单位的积极参与和配合。

企事业单位基于自身发展考虑,关注的是社区环境提升以及在政府引导下如何进行参与,认为要在以改善道路交通为首的环境整治基础上,发展演艺、书吧、四合院高端会馆等文化产业,提升文化软实力。

景东地区大型企事业单位列表　　　　表8-7

单位名称	地址
东高房小学	东高房胡同13号
红墙饭店	沙滩北街31号
法学所和科华律师事务所	沙滩北街15号
求是杂志社	沙滩北街2号
人教社和高教社	沙滩后街55号
首都开发控股集团	沙滩后街22号
沙滩宾馆	沙滩后街28号
成都驻京办	沙滩后街30号
超市发	沙滩后街14号
天客隆	沙滩后街2号
六安驻京办事处	景山东街16号
台盟中央	景山东街20号

(资料来源:由景山街道办事处提供)

沙滩宾馆:"首先要有硬件设施的改造,要关注街区的文化软实力,要考虑胡同内居民的意见,希望重点解决停车问题。"

法学研究所:"我们也想将研究所内的藏书对外借阅、共享,但又担心消防和安全问题的隐患;关于四合院,推荐17号院,可以收购以后作为会所使用。"

红墙饭店:"沙滩后街傍晚聚集很多菜贩,建议规划出固定的地方让他们去卖菜；停车问题要解决，否则街区很乱；百姓是主人，需要得到居民的支持。"

成都驻京办："街道内百姓是低消费群体，而大型单位档次高，两者如何协调好是需要考虑的问题；大型单位也想提升门面，建议可以进行文化产业的重组；对地区的宣传一定要跟进。"

台盟中央："胡同要考虑进去，沿着胡同的违章建筑要进行拆除。"

红墙饭店董事长："政府如何介入，如何实施，哪些是立马要做的？哪些是企事业单位要做的？投资主体是谁？分几年实施，每年能干什么事情？政府是推手，关键在落实。""政府主要应该进行环境整治、政策引导，要吸引目标群体——对文化感兴趣的中小型投资者来做产业的更新换代。"

超市发："多设一些餐饮设施和书吧。"

综合多方意见可知，居民、政府、企事业单位都认为，本研究范围内的旧城再生中应充分发挥当地特色文化资源的力量，应以文化为引擎进行引导、推动，实现社会、经济、物质环境的再生。

（2）土地利用现状

根据实地调研数据统计分析结果，景东地区用地总体上以居住用地为主，且大部分是传统的胡同—四合院街坊（图8-11）；同时地块中部是集中分布的商业、行政等功能板块（图8-12）。从用地功能中各类别的比例可以看出，居住用地占主导地位，其比例为36.9%，其次是商业用地占16.7%，之后是行政办公用地占15.2%，文物古迹用地占13.1%。

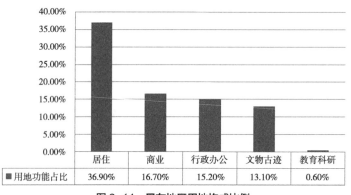

图8-11 景东地区用地构成比例

第8章 北京景东地区文化导向型旧城再生的探索

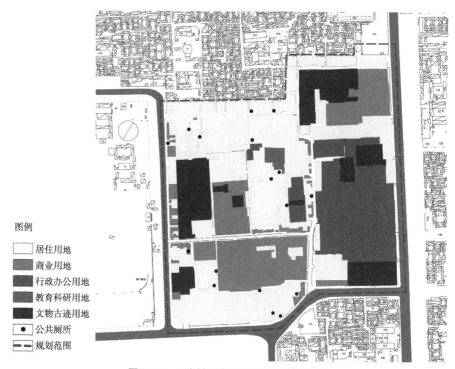

图例
- □ 居住用地
- ▨ 商业用地
- ▩ 行政办公用地
- ▓ 教育科研用地
- ■ 文物古迹用地
- ● 公共厕所
- ▬▬ 规划范围

图8-12 景东地区土地利用现状空间分布图
（资料来源：北京大学城市规划设计中心．北京市东城区景东地区保护与发展规划，2012．作者参与绘制）

（3）建筑权属构成

景东地区的单位自管房占49.2%，直管公房占27.7%，私房占7.4%，产权不明确的建筑占11.8%，公私混合型房较少，占3.8%。单位自管房和直管公房比例较高，且产权不明确和公私混合型的房屋也占了不小的比例。可见景东地区的产权状况较为复杂（图8-13、图8-14）。

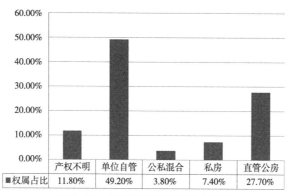

	产权不明	单位自管	公私混合	私房	直管公房
■权属占比	11.80%	49.20%	3.80%	7.40%	27.70%

图8-13 景东地区建筑权属构成比例

171

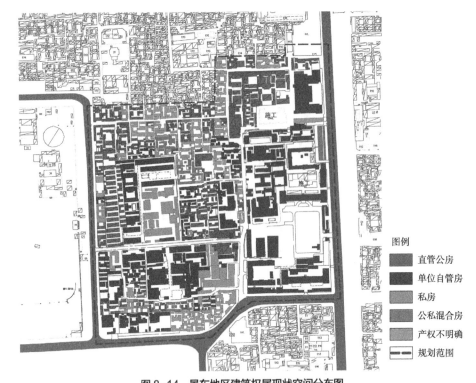

图 8-14　景东地区建筑权属现状空间分布图
（资料来源：北京大学城市规划设计中心．北京市东城区景东地区保护与发展规划，2012．作者参与绘制）

（4）景东地区文化创意产业的发展潜力

1）新闻出版业和文化艺术业集中趋势明显

研究范围内的新闻出版业和文化艺术业集聚趋势明显，主要集中在沙滩北街以东的东部片区，以大型事业单位为主，如求是杂志社等，其中求是杂志社占地 9572.05 平方米，占三产设施分布总用地的 26.72%。部分新闻出版业散布在沙滩后街两侧，如人教出版社、人教书苑等。研究范围内的人教出版社、求是杂志社、法学研究所等老牌文化和出版业大型机构为景东地区提供创意文化发展的潜力。

2）具有吸引创意阶层的多元历史文化和艺术氛围

景东地区为历史文化街区，具有五四文化、皇城文化等多元历史文化风貌。此外，中国国家美术馆在距离景东地区 500 米范围内，为景东地区增加了重要的艺术触媒，也成为吸引创意阶层的重要基础。

（5）综合分析

以上几大类资料及数据显示，景东地区所承担的城市功能较综合，以居住功能为主而又不是单纯的居住区，不少居民就在当地就业，景东地区是居民生活和工作的家园。其社会结构、社会关系是长期以来形成的，业已稳定。居民受教育程度低，不少人以经营日常百货用品为生，因此在地区外再就业会比较困难。景东地区的用地中以居住用地为主，商业用地也占了不小的比重，住宿餐饮业和新闻出版业集聚，承担了故宫、景山一带部分游客接待服务功能。同时建筑产权状况复杂。把景东地区的现状与第四章中归纳的三种策略的影响因素进行对比，匹配度结果如表8-8。

景东地区策略选择的影响因素分析表　　　　表8-8

策略类型	实施主体	利益主体	用地权属	用地类型	城市功能	吸引创意阶层的环境
旗舰型	——	——	×	×	×	
创意型	——	√	√	√	√	√
社区型	√	√	√	√	√	

注："×"表示不匹配，"√"表示匹配，"——"表示不冲突。

8.4.3 适宜景东地区的文化导向型可持续再生策略

通过现场踏勘、资料收集、居民问卷、政府/企事业单位访谈的数据，综合进行分析可知，景东地区为居住与第三产业用地综合型历史文化街区，历史遗存丰富。居民众多，不少居民世代居住于此，其生活习惯和日常行为已成定势。如果选择旧区改造或大范围商业化开发，不仅文化脉络会毁于一旦，而且长期以来形成的社会结构将被打乱。若大量居民动迁将会造成严重的社会问题：地区内文化程度不高的大量居民离开世代居住的老宅，再就业将非常困难，或在郊区形成新的贫民窟，导致社会不稳定因素；且景东地区位于北京市基准地价最高的一级地区，复杂产权造成的大量拆迁资金会令政府无力承担。

因此景东地区的治理，不可能选择大规模更替的方式，必须立足于本地活力的恢复和重新生长，选择小规模渐进式、对当地历史文脉和社会脉络扰动小、社会和经济效益兼顾的方式。与此同时该地区最大的特色和竞争优势就在于文化，政府、企事业单位、居民不约而同地认同地区文化的重要性、核心价值和发展潜力，并把文化产业视为地区功能提升的方式、业态调整的重点。

由此，本地优势及制约因素决定了景东地区应选择文化导向型旧城再生的发展战略。作为一个居住为主要职能的社区，居民是真正的主人，居民生活的改善提升、"人的全面发展"应该是旧城再生的出发点和落脚点；由于产权复杂，需要多元利益主体在形成共识的基础上积极主动参与；同时区内也具有大型出版和文化机构所引领的文化创意产业的先天优势。综合以上分析，参照表8-8可知，景东地区再生的文化策略适宜选择社区型策略与创意型策略相结合的方式。

景东地区文化导向型的旧城可持续再生是政府引导、多元主体互生共进的旧城再生，应通过扩大文化活动的参与机会、利用文化艺术加强身份认同、促进创意产业发展、推进本地文化产品的生产来振兴景东社区。政府通过整治破败环境、改善道路交通、加强基础设施建设以及颁布相关政策等吸引符合条件的市场部门，共同解决文化活动及文化相关产业的资金问题。政府开展各种项目来资助文艺、教育、设立社区文化活动中心等来激发社区对于本地遗产和文化的兴趣。

8.5 景东地区文化产业的发展构想

8.5.1 景东地区文化产业发展策略

综合景山街道产业现状及特征分析结论、居民产业发展意向问卷调查结果以及与景山街道办事处、大型企事业单位代表协商探讨的座谈会中各级相关利益者的需求和意愿，建议景东地区充分利用现有餐馆、酒店和宾馆的集聚趋势，同时深挖地域的历史资源和文化特色，大力发展特色餐饮业和住宿业为代表的文化旅游服务业；利用求是杂志社、人教出版社、法学研究所等国家机关和事业单位在该地区的集聚优势以及周边中央美术学院所形成的充满活力艺术元素环境,发展以新闻出版业和文化艺术业为代表的创意文化产业;结合景东地区特有的非物质文化遗产,提升现状零售业质量,优先在景山东街和沙滩北街所形成的T字形界面发展服务于游客的景东特色零售业。

8.5.2 景东地区文化生产与文化消费的平衡

利用区位优势及市场需求,承接已形成一定集聚优势的现状产业类型,将红色文化、皇城文化、创意文化和传统文化融入产业的业态调整,打造独具地域文化气息和资源禀赋的文化产业链(图8-15),促进景东地区的活力再生。

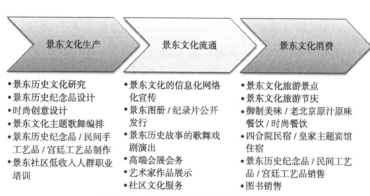

图8-15 景东地区文化产业链构成分析

文化生产:①赋予历史遗产以现代的活力,一方面深入研究,取其精华,将历史再现还原,例如成立历史文化工作室设计制作典故集、历史人物画册等,或成立戏剧工作室设计编排景东实景歌舞剧,另一方面提炼历史中的特色要素,将之与时尚元素结合,例如成立创意工作室,设计一些带有景东文化标识的个性化日用品;②借助周边中国美术学院附属美术学校、中国美术馆的艺术人才优势,并鉴于景东地区与北京大学的渊源,鼓励包括中国美院、北京大学在内的单位及个人在此地进行文化创意生产活动;③结合人教出版社、求是杂志社等大型出版业的集聚优势,吸引传媒、出版类工作室聚集,为制作各种纪念册、文集、画册等提供便利;④将景东地方传统工艺发扬光大,成立如脸谱、风筝制作、内画壶等手工艺作坊；⑤根据社区发展方向和居民个人意愿，对其进行以上生产相关的职业技术培训。

文化传播：①建立景东历史文化网站，开展数字化、网络化的广泛宣传活动；②公开发行景东历史图册、纪录片等；③承担较高档次的演出，包括以景东地方历史故事为内容的特色戏曲、话剧、小品相声、音乐剧等；④借助一些大型事业单位（如法学研究所、台盟中央等）的影响力举办国际学术会议、高端会展；⑤利用中国美术馆的优势，为各类艺术创作人员提供艺术作品展示平台，如艺术沙龙、个人作品展等；⑥利用法学研究所及其他大型文化事业单位大量珍藏珍贵书籍的优势，提供社区文化服务功能。

文化消费：①适当建设文化旅游景点，将"养在深闺人未识"的风貌完好的历史建筑院落升级为景点；②开展旅游节事节庆活动，如嵩祝寺的宗教节事和民俗节庆；③发展住宿业，充分发挥现有宾馆集聚优势与四合院传统，打造高端住宿与四合院民宿；④发展餐饮业，根据皇城文化引入相应的高端配套餐饮设施，根据传统民俗文化引入原汁原味的老北京餐饮，根据国际化高消费人群需求引入高端时尚的咖啡厅水吧等；⑤提升零售业质量，丰富零售业种类，如结合景东曾经为皇家用具服务的历史，设置宫廷御坊，进行皇家风格日用品、工艺品销售；⑥依托人教出版社等大型文化出版单位的集聚，进行书报杂志的零售和批发。

8.6 景东地区再生的实施机制建议

8.6.1 多元主体参与

（1）政府引导

在景东地区再生的具体实施中，政府的角色主要是由景山街道和景东居委会来承担。街道和居委会是与社区直接进行交流和沟通的部门，既是政府部门的代表和传达部门，同时也是社区治理者，代表社区的利益。街道办事处和居委会是旧城再生中最为重要的参与主体之一。其次，东城区政府作为上级主管部门，对于项目的审批、投资以及相关政策方面需要进行相应的扶持与监管。政府的主要职责在于政策引导、规划组织以及规范监督，政府的投资主要在市政基础设施改善、环境整治方面。

（2）开发商操作

开发商扮演着具体项目的操作者的角色，他们承担了具体项目的策划、发起、投资、管理等职能。在社会主义市场经济体制下，私营开发商作为具体项目的操作者虽具有很多优势，但其以追求经济利益为第一目标的特性，容易造成对社会问题和环境问题的忽视。因此，作为参与主体另外两极的地方政府和社区居民，尤其是政府，必须对开发商进行制衡，方能保证社会、经济、环境和历史文化目标的全面实现。

景东地区内的一些大型企业，如红墙饭店，对于当地有很强的熟识度、归属感、自豪感，企业负责人非常看好景东地区，具有很高的投资热情，和社区居民也比较熟悉，是景东地区旧城再生项目开发商的良好选择。

（3）社区居民广泛参与

社区归根结底还是居民的，为了保证居民利益的实现，居民应参与到从规划到实施的各个阶段。规划阶段，居民反映地区应当保护、保留的内容，表达对社区发展的愿景，参与讨论方案意见。规划批准之后，居民关注规划内容公示。实施阶段，居民参与监督实施，如监督开发商的行为；参与到公共空间的建设，如居民尤其是儿童可以在广场上制作嵌画铺地、在彩绘墙上作画，共同改善生活环境；参与到文化旅游业中，可以担任导游、讲解员；参与传统手工艺品的制作；尤其是文化节庆活动的成功开展，非常有赖于当地居民在其中担任志愿者、表演者等。

调研中发现，景东地区居民对于公众参与有很强的意识，92.98%的居民认为景东地区再生应当有居民的参与（图8-16）。52.8%的居民认为前期调研阶段应当征询居民意见；66.04%的居民认为制定规划方案阶段，应该让居民参与讨论方案；35.85%的居民认为规划评审阶段，应当征询居民意见；43.40%的居民认为规划批准之后，应当向居民公示规划内容；45.28%的居民认为实施阶段，居民应参与监督实施（图8-17），说明景东地区再生的居民积极参与具有良好的群众基础。

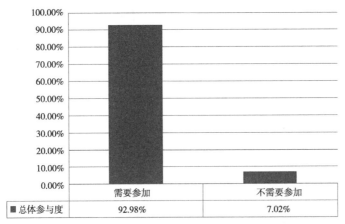

图 8-16　景东地区旧城再生的居民总体参与度调查

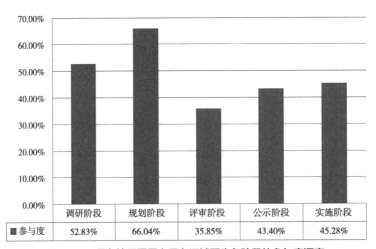

图 8-17　景东地区居民在景东旧城再生各阶段的参与度调查

在参与方式上，约 13% 的居民选择以个人意见的形式通过意见箱和电子邮件参与；约 57% 的居民希望通过居委会，有组织地进行参与；约 23% 的居民选择自发、有组织地参与（图 8-18）。说明在现阶段，居委会在居民参与的组织方面发挥着主要作用，景东地区的公众参与主要停留在政府引导居民参与的阶段，市民自己的社区公益活动组织还不发达，表达自身意愿和争取自身利益的方法和途径还有待摸索。但不少居民已经有这方面的意识，随着社会的进步和发展，相信景东地区居民自发参与社区建设的活动会越来越丰富，民众自己解决社区问题的公益组织将日益成熟，景东地区的活力也将日益增强。

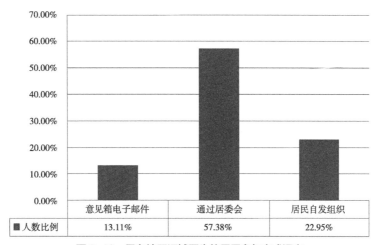

图 8-18　景东地区旧城再生的居民参与方式调查

（4）其他多元主体积极配合

在景东地区内有着大量的企事业单位，这些单位是景东地区十分重要的参与主体。企事业单位承担着社区的产业功能，同时社区的环境等也对企事业单位的效益、形象等有着不可忽视的影响，两者的发展相互依托。景东地区的旧城更新需要这些企事业单位的积极参与和配合，同时基于对自身发展和周边社区环境提升的关注，这些企事业单位也有着较为积极的参与主动性。

根据访谈得到的信息，法学研究所愿意把丰富的藏书拿出与居民分享，这些藏书可以成为"景东藏书阁"书籍的重要来源。建议台盟中央、求是杂志社等大型单位将国际交流、会展所用场地及接待住宿与本研究提出的四合院高端会展住宿、皇家假日宾馆相结合，作为文化相关产业繁荣的有力保障。建议求是杂志社、人教社等出版单位帮助、支持景东地区小型创意工作室的创立及运营，提供相关技术帮助，加强合作与联动，促进景东文化创意产业发展；建议大型出版单位帮助宣传景东的文化历史及景东再生中开展的文化节等活动，提升景东地区的知名度和社会影响力。

此外社会各文化艺术基金组织、志愿团体、非政府组织、非营利组织乃至宗教文化团体也是文化节事、文化活动的重要参与者，是文化多样性和文化活力的重要组成。如嵩祝寺在清代是与雍和宫齐名且位于皇城内的

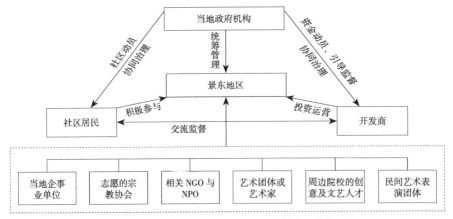

图 8-19 景东地区文化导向型旧城再生的多元主体网络

喇嘛寺庙，因此也可以通过佛教文化团体和雍和宫联动，开展佛教文化和传统文化节庆活动。

综上所述，通过政府部门、市场部门、居民及社团组织等多元主体之间建立起协作体制，形成多元主体合作网络（图 8-19），以推动景东地区文化导向型旧城再生活动的持续进行。

8.6.2 政策、资金、技术支持

北京市、东城区及景山街道政府应加强对景东地区旧城再生项目的财政扶持力度，由区财政拨付的专门资金和旧城再生过程中通过土地有偿出让所得的地价收入设立"景东地区再生专项资金"。该资金主要用于支付旧城再生规划的编制和其他调查研究工作所需费用，建设由区政府投资的市政基础设施、公共服务设施，补贴经济效益差而社会效益高的再生项目，补贴存在问题严重但无市场动力或市场动力不足的项目，以及支付有关的宣传费用等。

旧城腾退搬迁、整修建筑等成本很高，维护和发展资金仅靠政府是远远不够的。政府应多方面拓展融资渠道，广泛吸引社会资金，充分发挥企业、个人、外资等各方面的投资积极性。政府通过制定产业政策、减税免税政策、完善投资法规、健全投资服务和优化投资环境，并通过政府的小额资金吸引国内外各类企业的大量资本参与景东地区旧城再生。

尽快编制并出台适合于景东地区的旧城再生管理办法，以明确旧城再生的目的、对象、主体、原则、方向、运作模式、组织机构及职责、改造程序等，为实施提供政策保障和法律依据。

建立现代化、信息化的信息交流交换平台，如景东文化门户网站、景东地区再生论坛、政府听证会、景东艺术联盟、投资者之家、居民意见邮箱、居委会集中意见反馈日等，有效推动实施并根据实际情况进行调整。

8.7 景东地区文化导向型可持续再生的实施效果展望

8.7.1 社会效益

（1）解决了居民最关心的环境问题

本研究通过访谈、问卷等调研得出的结论，对居民最关心的环境、交通问题提出了整治方案，顺应民意，得到居民的好评。

（2）加强了社区认同感及归属感

在历史文化资源运用方面，根据调研，对民众呼声最高、认为最有特色的历史建筑及非物质文化遗产进行利用，有助于居民的文化认同、社区归属感和荣誉感，易调动起居民参与的积极性。

（3）增加了居民收入来源

以人为本是文化导向型旧城再生所秉持的理念，以文化带动社区综合发展是文化导向型旧城再生的宗旨，因此景东地区立足于发展本地特色的居民可参与的文化相关产业，期待居民能够在本地从事一些更优的生产活动而不是因此失去原有的家园。

景东地区文化导向型旧城再生关注文化产业的发展，其中旅游服务业、演出演艺、文化节庆等活动居民都可以参与，可使增加居民收入，使居民切实得到实惠，有助于社会的和谐稳定。

（4）关注了社区文化服务

建立了"景山藏书阁"，丰富了居民的精神涵养。并由街道办和居委会组织开展职业培训，从根本上关注人的发展，将使居民得到更深层次的幸福，而不仅是收入的提高。

8.7.2 经济效益

（1）顺应周边旅游市场需求，提升了旅游服务功能

景东地区自身的区位优势所带来的巨大的市场需求是无法忽视的。本研究考虑到故宫、北海、景山所带来的巨大的游客量，顺应住宿、餐饮业的市场需求，在产业发展研究中提升了住宿业、餐饮业的现状水平。并且发展出景东地区自身的旅游景点，把游客更长时间地留在景东地区消费。

（2）致力于平衡文化生产与文化消费，优化产业结构

在景东地区考虑旧城产业可持续发展的关键要素，即文化生产系统，建立了集文化生产—文化流通—文化消费于一体的文化产业链，优化了产业结构，提升了业态，使经济效益不仅能够增长，而且能可持续地发展。

（3）多元主体利益互生共进，总体经济效益最大化

景东地区产权性质复杂多样，业态层次参差不齐，因此在本研究中，重视政府、开发商、居民、企事业单位等各方利益相关者的共同支持和参与。通过政府牵头协调多元主体的需求和利益，互生共进，达到总体经济效益最大化。

8.7.3 文化效益

（1）对物质文化遗产进行动态保护

对于景东地区的文化资源进行了全面的梳理研究，在历史物质遗产和非物质遗产方面都进行了动态的保护。对于文保单位进行加强保护，对没有列入文保单位但格局保留完整、形制规格高的四合院以及历史建筑也进行了确认和修缮。

（2）对非物质文化遗产进行继承和发扬

通过文化导向型旧城再生，使景东地区的文化历史不仅为景东社区的老人所珍视，也为景东地区下一代年轻人所热爱，更为其他地方的人所知所感，为景东打造了文化名片，使景东地区的非物质文化遗产得以流传、发扬。

第9章 结语

9.1 主要结论

随着小规模渐进式的妥善利用、尊重本地文化的理念以及对原住民利益的考量逐步得到认可和提倡，旧城从"更新"到"再生"的治理方式转变是不可逆的发展趋势。

在当代，随着全球化和后工业时代的到来，人们对文化的认知已不仅仅包括文学艺术、价值体系、传统和信仰，文化已越来越多地与生产结合，与经济互相渗透，成为一种重要的生产资料。城市文化已不仅仅是特定地点的风貌和生活方式，已成为城市竞争力的核心组成部分，城市发展越来越离不开文化。

时代赋予的这种文化的生产力转向给旧城再生提供了新的思路与契机。对于旧城来说，文化资源已不仅是文化"遗产"，而成为旧城再生的引擎和重要驱动力。文化导向型的旧城再生不仅成为发达国家和地区地方政府提升城市竞争力的核心战略，也给予当地人安放其身份认知和精神归属之物质实体。纵观国际范围文化导向型旧城再生的兴起与发展，有三种策略（模式）先后出现：起初是旗舰型策略，以大型文化旗舰项目作为经济复兴之触媒；接下来是创意型策略，通过创意阶层入驻来激发当地的文化创意产业发展；最新趋势是社区型策略，强调社区文化资源的活化利用，调动公众参与来促进衰退社区的综合发展。以上三种模式的先后出现，反映出发达国家和地区的城市经过了从侧重经济发展到关注社区整体发展的文化导向型旧城再生的历程，其发展理念的转变以及策略方法对我国存量发展阶段的城市建设，尤其是历史文化名城和历史街区的保护利用具有一定的参考价值。通过分析比较三种模式的影响因素，本书总结了三种模式的适用范围，认为旗舰型策略较为适合大城市商业中心区，创意型策略多用于旧工业区和历史街区，社区型策略通常用于历史街区和旧居住小区。

由于旧城在社会结构、建筑权属等方面的复杂性及其文化资源的保护与发展需求，文化导向型旧城再生是旧城治理的重要路径。它不仅能带来经济效益和社会效益，而且是缓和的，大部分是小规模的，与旧城在空间尺度上相匹配；用优秀文化来团结人心，能凝聚社会力量，使居民获得归属感和幸福感。本书认为使文化导向型旧城再生得以可持续发展和获得可持续效益的关键要素，首先是强调本地文化特色的原真性保留，在此基础上实现文化资源的创造性转化与创新性发展，塑造城市竞争力；其次要重视文化生产环节，打造从生产到消费的文化产业链，平衡文化生产与文化消费；同时，采取多元主体参与的实施机制，尤其是居民的广泛参与，重视普通民众的发展权利，赋予当地居民以发展的能力。

9.2 局限与不足

本书提出的方法体系主要是在比较归纳、实证研究的基础上加以总结分析得出的。而在中国城市化不断发展变化的进程当中，此方法体系的普适性还有待考验，有待长期跟踪调查研究，并进一步用数据和实际情况加以分析、调整和改进。此外，因旧城再生是一个长期过程，其社会效益、文化效益的测度是世界范围内的研究难点，也是未来研究中值得重视的突破方向。

参考文献

[1] 艾伦·斯科特. 城市文化经济学 [M]. 北京：中国人民大学出版社，2010.

[2] 《北京市东城区地名志》编纂委员会. 北京市东城区地名志 [M]. 北京：北京出版社，1992.

[3] 陈则明. 城市更新理念的演变和我国城市更新的需求 [J]. 城市问题，2000（1）:11-13.

[4] 程大林，张京祥. 城市更新：超越物质规划的行动与思考 [J]. 城市规划，2004，28（2）:70-73.

[5] 戴奕. 城市旧住宅区改造中的文化构建策略初探 [D]. 重庆大学，2010.

[6] 董玛力，陈田，王丽艳. 西方城市更新发展历程和政策演变 [J]. 人文地理，2009，24（5）:42-46.

[7] 董奇，戴晓玲. 英国"文化引导"型城市更新政策的实践和反思 [J]. 城市规划，2007（4）:59-64.

[8] 樊星，吕斌，小泉秀树. 日本社区营造中的魅力再生产——以东京谷中地区为例 [J]. 国际城市规划，2017，32（3）:122-129.

[9] 方可. 欧美城市更新的发展与演变 [J]. 城市问题，1997（5）:50-53.

[10] 方可. 探索北京旧城居住区有机更新的适宜途径 [D]. 清华大学，2000.

[11] 方可. 西方城市更新的发展历程及其启示 [J]. 城市规划汇刊，1998（1）:59-61+51-66.

[12] 方清海. 城市更新与创意产业 [M]. 武汉：湖北人民出版社，2010.

[13] 管娟. 上海中心城区城市更新运行机制演进研究 [D]. 同济大学，2008.

[14] 洪启东，童千慈. 从上海 M50 创意园看城市转型中的创意产业崛起 [J]. 城市观察，2009（3）:96–104.

[15] 侯仁之. 北京历史地图集 [M]. 北京：北京出版社，1988.

[16] 胡波. 阿维尼翁：自由与浪漫的原乡 [J]. 中国信用，2016（3）:80–86.

[17] 黄鹤. 文化规划：基于文化资源的城市整体发展策略 [M]. 北京：中国建筑工业出版社，2010.

[18] 黄鹤. 文化政策主导下的城市更新——西方城市运用文化资源促进城市发展的相关经验和启示 [J]. 国外城市规划，2006（1）:34–39.

[19] 黄健敏. 台湾民众参与的社区营造 [J]. 时代建筑，2009（2）:36–39.

[20] 黄莹. 古城保护与更新的新路居民参与自我改造 [C]. 中国建设教育协会、天津大学、天津城市建设学院 21 世纪城市——国际住房与规划联合会（IFHP）第 46 届世界大会大学生论坛论文集，2002.

[21] 姜华，张京祥. 从回忆到回归——城市更新中的文化解读与传承 [J]. 城市规划，2005（5）:77–82.

[22] 姜四清，张庆杰，赵文广. 德国鲁尔老工业区转型发展的经验与借鉴 [J]. 中国经贸导刊，2015（10）:41–44+54.

[23] 李建波，张京祥. 中西方城市更新演化比较研究 [J]. 城市问题，2003（5）:68–71+49.

[24] 李康化. 文化遗产与文化生产的创造性转化 [J]. 江汉大学学报（人文科学版），2011，30（1）:37–42.

[25] 李艳玲. 美国城市更新运动与内城改造 [M]. 上海：上海大学出版社，2004.

[26] 林拓,[日] 水内俊雄等. 现代城市更新与社会空间变迁:住宅、生态、治理 [M]. 上海：上海古籍出版社，2007.

[27] 林政逸，辛晚教. 文化导向都市再生之策略模式：台北市保安宫文化庆典与空间计划的个案研究 [J]. 都市与计划，2009，36（3）:231–254.

[28] 刘合林. 城市文化空间解读与利用——构建文化城市的新路径 [M]. 南京：东南大学出版社，2010.

[29] 刘诗白. 论现代文化生产（上）[J]. 经济学家，2005（1）:4-16.

[30] 刘旭东. 文化产业发展中产业链设计若干问题分析 [J]. 科技创新与生产力，2012（2）:36-38.

[31] 刘彦平. 中国城市营销发展报告（2009—2010）: 通往和谐与繁荣 [M]. 北京: 中国社会科学出版社，2009.

[32] 刘忠华. 论我国城市更新中的问题及治理 [D]. 济南: 山东大学，2006.

[33] 吕晓蓓. 城市更新规划在规划体系中的定位及其影响 [J]. 现代城市研究，2011，26（1）:17-20.

[34] 芒福德. 城市文化 [M]. 宋俊岭等译. 北京: 中国建筑工业出版社，2009.

[35] 缪春胜，邹兵，张艳. 城市更新中的市场主导与政府调控——深圳市城市更新"十三五"规划编制的新思路 [J]. 城市规划学刊，2018（4）:81-87.

[36] 阮仪三，顾晓伟. 对于我国历史街区保护实践模式的剖析 [J]. 同济大学学报（社会科学版），2004（5）:1-6.

[37] 阮仪三. 城市遗产保护论 [M]. 上海: 上海科学技术出版社，2005.

[38] 沙扬. 保护遗迹立法先行——国外历史街区的保护 [J]. 中华建设，2013（3）:42-43.

[39] 佘高红，吕斌. 转型期小城市旧城可持续再生的思考 [J]. 城市规划，2008（2）:16-21.

[40] 佘高红，朱晨. 欧美城市再生理论与实践的演变及启示 [J]. 建筑师，2009（4）:15-19+4.

[41] 佘高红. 转型期旧城社区的可持续再生研究 [D]. 北京: 北京大学，2007.

[42] 申洁，许泽凤，林珑. 城市文化传承视角下对历史建筑保护的思考——以武汉近代历史居住建筑为例 [J]. 中外建筑，2010（11）:65-68.

[43] 沈建法. 全球化世界中的城市竞争与城市管治 [J]. 城市规划，2001（9）:34-37.

[44] 沈山，安宇. 和谐社会的城市文化战略 [M]. 北京: 中国社会科学出版社，2009.

[45] 沈湘璐，吉锐，陈天. 上海 M50 创意园改造实践 [J]. 建筑，2016（19）:65-66.

[46] 石燕学. 老街区的重生——都柏林坦普尔吧街区改建给予我们的启示 [C]. 中

国建筑学会 2007 年学术年会论文集，2007.

[47] 史蒂文·蒂耶斯德尔，蒂姆·希思，塔内尔·厄奇. 城市历史街区的复兴 [M]. 张玫英，董卫译. 北京：中国建筑工业出版社，2006.

[48] 苏秉公. 城市的复活——全球范围内旧城区的更新与再生 [M]. 上海：文汇出版社，2011.

[49] 孙施文. 公共空间的嵌入与空间模式的翻转——上海"新天地"的规划评论 [J]. 城市规划，2007（8）:80-87.

[50] 谭伊孝. 北京文物胜迹大全东城区卷 [M]. 北京：北京燕山出版社，1991.

[51] 唐燕，[德]克劳斯·昆兹曼. 创意城市实践：欧洲和亚洲的视角 [M]. 北京：清华大学出版社，2013.

[52] 唐燕，[德]克劳斯·昆兹曼. 文化、创意产业与城市更新 [M]. 北京：清华大学出版社，2016.

[53] 王彬，徐秀珊. 北京地名典 [M] 北京：中国文联出版社. 2001.

[54] 王凌曦. 中国城市更新的现状、特征及问题分析 [J]. 理论导报，2009（9）:32-35.

[55] 王婷婷，张京祥. 文化导向的城市复兴：一个批判性的视角 [J]. 城市发展研究，2009，16（6）:113-118.

[56] 王伟年，张平宇. 创意产业与城市再生 [J]. 城市规划学刊，2006（2）:22-27.

[57] 王文卓. 基于文化传承下的旧城更新研究 [D]. 长安大学，2010.

[58] 吴良镛. 北京旧城与菊儿胡同 [M]. 北京：中国建筑工业出版社，1994.

[59] 项光勤. 发达国家旧城改造的经验教训及其对中国城市改造的启示 [J]. 学海，2005（4）.

[60] 徐琴. 城市更新中的文化传承与文化再生 [J]. 中国名城，2009（1）:27-33.

[61] 徐琴. 高速城市化时期城市历史文化资源的保护与利用 [J]. 南京工业大学学报（社会科学版），2004（3）:39-43+50.

[62] 严若谷，周素红，闫小培. 城市更新之研究 [J]. 地理科学进展，2011，30（8）:947-955.

[63] 严若谷，周素红，闫小培. 西方城市更新研究的知识图谱演化 [J]. 人文地理，2011，26（6）:83-88.

[64] 颜永祺. 阿维尼翁戏剧节的初体验 [J]. 中国艺术时空，2014（4）:26-36.

[65] 阳建强. 中国城市更新的现况、特征及趋向 [J]. 城市规划，2000（4）:53-55+63-64.

[66] 杨继梅. 城市再生的文化催化研究 [D]. 同济大学，2008.

[67] 易晓峰. 从地产导向到文化导向——1980 年代以来的英国城市更新方法 [J]. 城市规划，2009，33（6）:66-72.

[68] 于健. 基于社区营造理念的旅游型村庄规划策略研究 [D]. 天津大学，2016.

[69] 于今. 城市更新：城市发展的新里程 [M]. 北京：国家行政学院出版社，2011.

[70] 于立，张康生. 以文化为导向的英国城市复兴策略 [J]. 国际城市规划，2007（4）:17-20.

[71] 于良楠. 文化创意产业促进城市转型发展的作用、机理研究 [D]. 云南大学，2014.

[72] 于涛方，顾朝林. 论城市竞争与竞争力的基本理论 [J]. 城市规划汇刊，2004（6）:16-21+95.

[73] 翟斌庆，伍美琴. 城市更新理念与中国城市现实 [J]. 城市规划学刊，2009（2）:75-82.

[74] 张纯. 文化途径的内城再生规划——北京南锣鼓巷的案例 [C]. 中国城市规划学会生态文明视角下的城乡规划——2008 中国城市规划年会论文集，2008.

[75] 张更立. 走向三方合作的伙伴关系：西方城市更新政策的演变及其对中国的启示 [J]. 城市发展研究，2004（4）:26-32.

[76] 张海燕. 论文化产业的结构形态与价值趋向 [D]. 山东师范大学，2004.

[77] 张美乐，邓良凯，宋洋洋. 存量规划下城市更新精细化发展的研究探索 [C].2017 城市发展与规划论文集，2017.

[78] 张京祥，陈浩. 空间治理：中国城乡规划转型的政治经济学 [J]. 城市规划，2014（11）:9-15.

[79] 张松. 转型发展格局中的城市复兴规划探讨 [J]. 上海城市规划，2013（1）:5-12.

[80] 张晓鸣.M50：孵化时尚产业"原创力量" [J]. 东方企业文化,2018（2）:36-37.

[81] 张辛悦. 毕尔巴鄂"后古根海姆时代"文化导向型旧城再生策略分析 [C]. 中

国城市规划学会、贵阳市人民政府新常态：传承与变革——2015中国城市规划年会论文集，2015:15.

[82] 张豫. 创意产业集群化导向的城市更新研究[D]. 中南大学，2008.

[83] 张玥. 德国鲁尔工业区转型发展经验及对我国老工业区借鉴[C].2016中国环境科学学会学术年会论文集（第四卷），2016.

[84] 赵全儒. 旧城更新中城市文化再生方法分析[J]. 山西建筑，2009, 35（8）:53-54.

[85] 赵威. 城市更新策略研究[D]. 兰州大学，2008.

[86] 赵云川. 传统工艺品产业"活态"发展的重要基石——谈日本"传产法"和"传产协会"的功能及意义[J]. 中国美术，2016（2）:112-114.

[87] 郑育林. 唤醒遗迹：城市化背景下的大遗址保护与利用问题[M]. 北京：文物出版社，2014.

[88] 仲量联行. 值得关注的两大趋势！华南地区城市更新已逐步进入精细化[J]. 房地产导刊，2019（8）.

[89] 周杨一. 城市更新视角下旧城改造效益评价研究[D]. 江西师范大学，2018.

[90] 朱海波. 当前我国城市更新立法问题研究[J]. 暨南学报（哲学社会科学版），2015, 37（10）:69-76.

[91] 朱铁臻. 城市现代化与城市文化[J]. 政策，2002（10）:24-25.

[92] 朱燕芳. 历史文化名城赣州旧城保护与可持续再生研究[D]. 西安建筑科技大学，2009.

[93] Bailey, C., Miles, S. and Stark, P.. Culture-led urban regeneration and the revitalization of rooted identities in Newcastle, Gateshead and the North East of England[J]. International Journal of Cultural Policy, 2004, 10（1）: 47–65.

[94] Bassett, K., Griffths, R. and Smith, I.. Testing governance: partnerships, planning and conflict in waterfront regeneration[J]. Urban Studies, 2002, 39（10）: 1757–1775.

[95] Berry, J.. Urban regeneration: property investment and development[M]. London: E & FN Spon, 1993.

[96] Besner, B.. Art, Culture, and Urban Revitalization: A Case Study of The Edge Artist Village[D]. Department of City Planning: University of Manitoba, 2010.

[97] Bulick, B., Coletta, C. Jackson, C. et al. Cultural Development in Creative Communities[M]. Washington, DC: Americans for the Arts, 2003.

[98] Evans, G.. Measure for measure: Evaluating the evidence of culture's contribution to regeneration[J]. Urban Studies, 2005, 42 (5/6): 959-983.

[99] Dolores, P.. Myths About Downtown Revitalization, in Roger L. Kemp, Main Street Renewal: A Handbook for Citizens and Public Officials[M]. McFarland & Company, Inc. Publishers, Jefferson, North Carolina, and London, 2000.

[100] Florida, R.. The Rise of the Creative Class[M]. New York: BasicBooks, 2002.

[101] Garcia, B.. Deconstructing the City of Culture: The Long-term Cultural Legacies of Glasgow 1990[J]. Urban Studies, 2005, 42 (5/6): 841-868.

[102] Gibson, L., Stevenson, D. Stevenson. Introduction[J]. International Journal of Cultural Policy, 2004, 10 (1): 1-4.

[103] Glaeser, S.. Consumer City, National Bureau of Economic Research Working Paper[R]. Cambridge, MA.: National Bureau of Economic Research, 2003.

[104] Gomez, M.. Reflective Images: The case of Urban Regeneration in Glasgow and Bilbao[J].Blackwell Publishers, 1998, 22 (1): 106-121.

[105] Grodach, C., Loukaitou-Sideris, A. Cultural Development Strategies and Urban Revitaliztion: A survey of US cities[J]. International Journal of Cultural Policy, 2007, 13 (4): 349-370.

[106] Harvey, D.. Spaces of Capital: Towards a Critical Geography[M]. New York: Routledge, 2001.

[107] Lin, C., Hsing, W.. Culture-led Urban Regeneration and Community Mobilisation: The Case of the Taipei Bao-an Temple Area, Taiwan[J]. Urban Studies, 2009, 46 (7): 1317-1342.

[108] Miles, S.. "Our Tyne": Iconic Regeneration and the Revitalisation of Identity in Newcastle Gateshead[J]. Urban Studies. 2005, 42 (5/6): 913-926.

[109] Miles, S., Paddison, R.. Introduction: The Rise and Rise of Culture-led Urban Regeneration[J]. Urban Studies, 2005, 42 (5): 833-839.

[110] Mommaas, H.. Cultural clusters and the post-industrial city: towards the remapping of urban cultural policy[J]. Urban Studies, 2004, 41（3）: 507-532.

[111] Nivin, S., Plettner, D.. Arts, culture, and economic development[J]. Economic Development Journal, 2009, 8（1）: 31-41.

[112] Paddison, R., Miles, S.. Culture-led urban regeneration[M]. London: Routledge, 2007.

[113] Quinn, B.. Arts festivals and the city[J]. Urban Studies, 2007, 42（5/6）: 927-943.

[114] Sasaki, M.. Urban regeneration through cultural creativity and social inclusion: Rethinking creative city theory through a Japanese case study[J]. Cities., 2010, 27: S3-S9.

[115] Scott, A.. The cultural economy of cities[J]. International Journal of Urban and Regional Research, 1997, 21（2）: 323-329.

附录

北京市东城区景东社区居民生活情况调查

（本调查将充分保护您的隐私，仅供科学研究使用，衷心感谢您的合作！）

个人基本信息：

1. 您目前：☐A.在景东社区居住 ☐B.在景东社区工作 ☐C.在景东社区居住和工作

2. 您在景东社区：☐A.做生意 ☐B.在事业单位上班 ☐C.在其他地区工作 ☐D.不工作

3. 您的年龄：☐A.25岁及以下 ☐B.25~45岁 ☐C.45~60岁 ☐D.60岁及以上

4. 您的文化程度：☐A.小学及以下 ☐B.初中 ☐C.高中 ☐D.大专及以上

5. 您的身份：☐A.北京市东城区居民 ☐B.北京市其他城区居民 ☐C.其他城市

您在此处的房子为：☐A.自己拥有 ☐B.租用

6. 您在此居住的家庭人数有：

☐A.1人 ☐B.2人 ☐C.3人 ☐D.4人 ☐E.5人及以上

您的家庭人均月收入为：

□ A. ≤ 500 元　□ B.500~1000 元　□ C.1000~2000 元　□ D.2000~4000 元 □ E. ≥ 4000 元

7. 您在此社区的居住（工作）时间：

□ A. 少于 1 年　□ B.1~5 年　□ C.5~10 年　□ D.10 年以上

社区与环境信息：

1. 请将下列内容按急需改善的程度进行排序 _____

□ A. 居住环境　　□ B. 活动设施和场地　　□ C. 道路和停车

□ D. 给排水设施　□ E. 住房质量　　□ F. 其他如：_____

2. 您认为在住宅方面最需要改善的是 _____

□ A. 室内布局　　　　　　　□ B. 住房面积

□ C. 房屋立面　　　　　　　□ D 其他如：_____

3. 您认为在室外环境方面最需要改善的是 _____

□ A. 室外活动和健身场地　□ B. 增加室外座椅、遮阳和避雨设施

□ C. 增加绿化面积　　　□ D. 其他如：_____

4. 您认为社区的道路系统最需要改善的是 _____

□ A. 增加社区对外出入口　　□ B. 修整人行道、车行道路面

□ C. 规范自行车及机动车停放　□ D. 增加机动车停车位

□ E. 限制机动车行驶　　　　□ F. 其他如：_____

5. 您认为景东居民是否需要参与景东社区规划的制定？_____

□ A. 是　□ B. 否

应该通过什么的方式参与景东社区规划的制定？_____

□ A. 以个人意见的形式通过意见箱和电子邮件参与规划

□ B. 通过居委会，有组织地参与规划制定

□ C. 居民自发，有组织地参与规划制定

□ D. 其他如：_____

6. 您认为景东居民应该参与景东社区规划制定的哪些阶段？（可多选）

☐ A. 前期调研阶段，征询居民意见

☐ B. 制定规划方案阶段，居民参与讨论方案

☐ C. 改造规划评审阶段，征询居民意见

☐ D. 规划批准之后，向居民公示规划内容

☐ E. 改造规划实施阶段，居民参与监督实施

7. 您认为景东社区最有代表性的历史建筑是（可以多选）_____

☐ A. 京师大学堂遗存　　　　☐ B. 北大红楼

☐ C. 嵩祝寺及智珠寺　　　　☐ D. 毛主席故居

☐ E. 章太炎故居　　　　　　☐ F. 中法大学

☐ G. 北京大学地质馆旧址　　☐ H. 马辉堂花园

☐ I. 美术馆东街25号四合院　☐ J. 慧仙女校碑

☐ K. 什锦花园19号　　　　　☐ L. 黄米胡同5、7、9号院

☐ M. 吉安所

8. 您认为景东社区最有特色的民间艺术是什么？_____

☐ A. 内画壶　　　☐ B. 脸谱　　　☐ C. 面塑

☐ D. 风筝制作　　☐ E. 剪纸　　　☐ F. 其他_____

9. 随着景东社区游客人数的增加，对您的生活哪些方面有影响？_____

☐ A. 人员混杂，东西容易被偷　　☐ B. 吵闹，不安静

☐ C. 交通越来越拥挤　　　　　　☐ D. 环境恶化

☐ E. 收入提高　　　　　　　　　☐ F. 增加了就业

☐ G. 其他_____

10. 您希望景东社区未来发展哪种业态？（可多选）_____

☐ A. 四合院旅馆　　☐ B. 特色纪念品展卖，如传统手工艺品等

☐ C. 酒吧、咖啡馆　☐ D. 特色餐饮　☐ E. 传统手工作坊

☐ F. 图书出版相关，如书店、影像店等

☐ G. 特色曲艺演出　☐ H. 其他_____

请您对景东社区的各项环境以及设施作一个评价：

住宅条件　　　　　　　　　　□很满意□较满意□较不满意□很不满意

道路交通和停车设施　　　　　□很满意□较满意□较不满意□很不满意

绿化及室外活动场地　　　　　□很满意□较满意□较不满意□很不满意

公共服务设施（商店、学校等）□很满意□较满意□较不满意□很不满意

供水供电等基础设施　　　　　□很满意□较满意□较不满意□很不满意

社区文化娱乐生活　　　　　　□很满意□较满意□较不满意□很不满意

景东社区周边环境　　　　　　□很满意□较满意□较不满意□很不满意

社区安全设施（防火、防灾等）□很满意□较满意□较不满意□很不满意

您对景东社区的总体评价　　　□很满意□较满意□较不满意□很不满意

再次谢谢您的合作！